Geheimdienste

W0085839

Wissen 3000
Herausgegeben von Christina Knüllig

Kai Hirschmann,
geboren 1965, arbeitet für das Bundesministerium der Verteidigung, ist stellvertretender Direktor des Instituts für Terrorismusforschung und Sicherheitspolitik (IFTUS) in Essen und Lehrbeauftragter an der Universität Bonn.

Kai Hirschmann

Geheimdienste
wissen 3000

Europäische Verlagsanstalt

Inhalt

Ein Mythos wird besichtigt: Was machen Geheimdienste?

In aller Welt ist es Aufgabe der Nachrichtendienste (Geheimdienste), die Sammlung und Auswertung von politischen und wirtschaftlichen Informationen zu besorgen. Geheimdienste gewinnen die für sie wichtigen Informationen in erster Linie aus offen zugänglichen Quellen. Sofern das nicht möglich ist, bedienen sie sich nachrichtendienstlicher Mittel zur heimlichen Informationsbeschaffung. Dieser Teil ihrer Tätigkeit hat immer wieder die Fantasie der Menschen beflügelt.

Mein Name ist Bond: Klischees und Mythen

Zahlreiche Geschichten, Anekdoten und Witze spielen mit einem Geheimdienst-Image, das durch Agentenromane und -filme (allen voran 007 – James Bond) genährt worden ist. Die Wirklichkeit fällt dagegen oft ganz unspektakulär aus. Wie selbst *Erich Schmidt-Eenboom*, Geheimdienstkritiker, feststellt, verdankt das »zweitälteste Gewerbe der Welt« seinen in die Unterhaltungsindustrie ausstrahlenden Nimbus dem fälschlichen Eindruck, sein Geschäftszweck liege im Einsatz wagemutiger Agenten, die im Rücken des Feindes operieren, und in der Erbeutung verborgenen Wissens aus den Geheimkabinetten fremder Länder. Mit dem Alltag der Geheimdienste hat das wenig zu tun, wenngleich ihr öffentliches Ansehen bzw. die Häme über das Misslingen spektakulärer Aktionen aus diesem, wenn auch geringen, Anteil ihrer Tätigkeit resultiert.

Doch Geheimdienstarbeit ist etwas Besonderes. Sie wirkt im Verborgenen und entzieht sich damit scheinbar dem Zugriff der Öffentlichkeit, der Kontrolle und der öffentlichen Verantwortung allen staatlichen Handelns, wie sie für eine Demokratie kennzeichnend ist. Geheimdienste haben sich zudem in Diktaturen als Instrumente des Machterhalts einen zweifelhaften Ruf erworben.

Ein Nachrichtendienst muss, um effektiv arbeiten zu können, einen Teil seiner Maßnahmen geheim halten. Das erschwert die Korrektur von Vorurteilen. Geheimdienste, die konspirativ arbeitende Extremisten, Terroristen und Agenten zu beobachten haben, wären in ihrer Arbeit wertlos, wenn sie ihre Arbeitsmethoden und alle Erkenntnisse in der Öffentlichkeit darlegten. Eine derartige Transparenz kann es nicht geben, was immer wieder dazu beitrug, Mythen und Spekulationen rund um Geheimdienste anzuheizen.

Blütezeit der Spionage: der Kalte Krieg

Nach dem Zweiten Weltkrieg bestimmte die zweigeteilte geopolitische Lage zwischen West und Ost im »Kalten Krieg« das politische Handeln. Es war die »Blütezeit« für alle Geheimdienste. Der »Feind« und seine Absichten schienen jedes Mittel und jede Anstrengung zu rechtfertigen. Auch auf deutschem Boden trieb die Konkurrenz zwischen KGB und CIA eigenartige Blüten. Berlin war geradezu unterwandert von Agenten, die sich gegenseitig hinters Licht zu führen versuchten. Es war der Beginn intensiven gegenseitigen Abhörens, An- und Abwerbens von Agenten sowie umfassender »Geheimdienstprogramme«. Es war aber auch eine »einfache Zeit«, da man genau wusste, wer der »Feind« war und woher er kam. Mit Ende des Kalten Krieges hat die Spionage nicht an Bedeutung verloren, ihr Einsatz hat sich allerdings verlagert. Warum? Die Bipolarität des Kalten Krieges überlagerte regionale Konflikte, führte zu einer »Disziplinierung« der Konfliktparteien und somit zur Stabilisierung einer Weltordnung, in der die Konfliktlinien klar vorgegeben waren. Die Multipolarität heutzutage, gekennzeichnet durch eine Vielzahl regionaler Konflikte, die sich z. T. über Jahre hinziehen und eine unüberschaubare Zahl lokaler Kontrahenten beteiligen, führt zu einer Situation der Unübersichtlichkeit, in der staatliche Einflussnahme zunehmend schwierig wird. Politische, wirtschaftliche und gesellschaftliche Entwicklungen stellen nationalstaatliche Handlungsfähigkeit in Frage. Sowohl als Ursache wie auch als Folge dieser Entwicklung gibt es heute Akteure, die neben und außerhalb staatlicher Strukturen handeln, so z. B. Privatarmeen oder Kapitaldienstleister. Es entstehen transnationale Wirtschaftszonen, aber auch Identität stiftende Kulturräume jenseits nationaler Staatlichkeit. Daraus ergeben sich neue Loyalitäten, die sich z. T. in Bewegungen religiöser, aber auch politischer Natur artikulieren. Kurzum, die Vielzahl der neuen Akteure und potenziellen Konfliktpartner lässt ein diffuseres Gesamtbild entstehen, die relevanten Informationsbereiche sind breiter, frühzeitige Informationsbeschaffung wird immer wertvoller. Dementsprechend richtet sich die Spionage nicht mehr auf einen gegnerischen Block, sondern auf eine Vielzahl von Zielen, wie Innen-, Außen- und Verteidigungspolitik, aber auch die Ausforschung gesellschaftlicher Strukturen und Rahmenbedingungen. Wissensvorsprung ist und bleibt ein Instrument, um nationale Strategien darauf auszurichten.

Daneben spielt heute auch die Wirtschaftsspionage mit den Zielrichtungen Produktpolitik, Wissenschaft und Technik eine mindestens gleichwertige, bisweilen gar stärkere Rolle. Grund hierfür ist beispielsweise das starke Interesse sich entwickelnder und transformierender Länder am Aufholen der eigenen Wirtschaft, um sie im weltweiten Wettbewerb möglichst schnell und kostengünstig konkurrenzfähig zu machen. Doch auch die alten Industrienationen sind nicht untätig: Weil der Konkurrenzdruck auf den Weltmärkten immer stärker wird, versuchen auch sie, Wettbewerbsvorteile zu erzielen. Die Palette der Spionageziele reicht über den gesamten Produktweg von der Grundlagenforschung über die anwendungsorientierte Entwicklung bis zu wirtschaftlichen Anwendungen und Vermarktungsstrategien. Ein weiterer Grund für den Anstieg der Wirtschaftsspionage sind die Bestrebungen von »Schurkenstaaten«. Insbesondere die Entwicklung, Herstellung und Instandhaltung modernster Waffensysteme setzen ein erhebliches Know-how voraus, über das nur hoch entwickelte Industrienationen verfügen.

Mittel und Methoden

Neben den Spionageschwerpunkten unterliegen auch die Mittel und Methoden einem ständigen Wandel. Heute in einer Zeit modernster, sich schnell weiterentwickelnder Technik wird die Gewinnung geheimdienstlicher Informationen besonders mit technischen Mitteln wie der Computer- und Satellitentechnik vorangetrieben. Doch wird der »menschliche Faktor« immer von Bedeutung bleiben, z. B. im Hinblick auf die Einschätzung und Bewertung gewonnener Informationen.

Das Vorgehen der Nachrichtendienste bei Spionageaktivitäten ist variantenreich und vielschichtig. Zu den »klassischen« Methoden gehören die offene Beschaffung und »Gesprächsabschöpfung«, der Einsatz von eigenen, verdeckt arbeitenden Mitarbeitern, das Anwerben von (fremden) Personen und die Informationsgewinnung durch technische Hilfsmittel wie Funkaufklärung und andere Abhörmaßnahmen (elektronische Aufklärung). Daneben spielt bei der Wirtschaftsspionage im Hinblick auf den illegalen Technologietransfer und die Beschaffung sensitiver Güter (so genannte Dual-Use-Güter mit ziviler und militärischer Verwendbarkeit) die spezielle Methode der Abtarnung durch eigens gegründete Firmen und Einrichtungen (z. B. Im- und Exportfirmen) eine wachsende Rolle.

Der Einsatz von verdeckt arbeitenden Mitarbeitern oder die Anwerbung fremder Personen (»Human Intelligence«, HUMINT) ist für Geheimdienste unverzichtbar. Sie stellen deshalb einen bedeutsamen Aktivposten dar, weil es sich bei ihnen in der Regel um fachlich gut ausgebildete, hoch motivierte Kräfte handelt. Die Informationsgewinnung durch technische Hilfsmittel hat die HUMINT im Zuge der allgemeinen technischen Entwicklungen ergänzt. Vor allem die weltumspannende, fein verzweigte kommunikative Vernetzung bedingt neben Vorzügen aufgrund ihrer Angriffsflächen und Missbrauchsmöglichkeiten auch ernst zu nehmende Risiken. Hierzu zählt das erheblich gestiegene Risiko des unbefugten Zugriffs auf geschützte Daten. Geheimdienste praktisch aller Staaten haben diese Entwicklung erkannt und ihre

Tab. 1: Wege der geheimdienstlichen Informationsgewinnung

Offene Beschaffung (80 %)	Geheime Beschaffung (20 %)
freiwillige Auskünfte	Agenten, V-Leute, Informanten
Besuch von Veranstaltungen	Observation
Auswertungen von Printmedien (Zeitungen, Periodika, Flugblätter)	Geheime Fotografie und Bildaufzeichnung
Auswertung elektronischer Medien (Radio, Fernsehen, Internet)	Kontrolle von Post und Telefon (in Deutschland nach G10-Gesetz)
Messe- und Ausstellungs-besuche	heimliche Tonaufzeichnungen
	geheimdienstliche Hilfsmittel

Weitere Informationsgewinnung
Datenzulieferung anderer Behörden, Unternehmen und Organisationen (z.B. Banken, Ämter, öffentliche Einrichtungen, Telekommunikationsunternehmen, Postdienstleister, Luftfahrt- und Verkehrsunternehmen)

Spionagetätigkeit entsprechend angepasst, z. B. durch das Abhören von Telefon-/Telefaxverbindungen über technische Anlagen, die auf bestimmte Stich- und Schlüsselworte reagieren.

Von steigender Bedeutung ist darüber hinaus neben der politischen die wirtschaftlich verwertbare Datenspionage. Diese findet auf den Wegen der klassischen Funkaufklärung, der Beteiligung an oder dem unbefugten Zugriff auf Informationssysteme bzw. der Durchdringung sensibler Kernbereiche (z. B. Datenbanken) durch Geheimdienst-Mitarbeiter statt. Daneben wird versucht, über Geschäftsbeziehungen zu entsprechenden Aufklärungsergebnissen oder in den Besitz von Kommunikations-Hardware zu gelangen.

Dennoch ist die verdeckte Informationsgewinnung heute weniger als früher eine Hauptbeschaffungsquelle für nachrich-

tendienstliche Informationen. Offene Quellen, also das zielge-
richtete Auswerten von Informationen, die theoretisch jedermann
gewinnen kann, haben im Zuge der technischen Entwicklungen
und Veränderungen in der Medienlandschaft stark an Bedeutung
gewonnen. Wie andere Verwaltungsbehörden auch, wie Journalisten oder die informierte Öffentlichkeit, lesen Geheimdienst-
Mitarbeiter Zeitungen und Zeitschriften, werten Rundfunk- und
Fernsehsendungen sowie neue elektronische Kommunikations-
medien (z. B. das Internet) aus. Im Falle einer zu beobachtenden
Organisation sammeln sie darüber hinaus alle offen zugänglichen
Verlautbarungen (Flugblätter, Programme, Aufrufe), besuchen öffentliche Veranstaltungen, ziehen Erkundigungen aus öffentlich
zugänglichen Karteien und Registern ein oder befragen Personen,
wobei die Befrager offen als Angehörige eines Geheimdienstes
auftreten. Bis zu 60 % der Informationen stammen heute aus öffentlich zugänglichen Quellen. Hinzu kommen Auskünfte durch
andere Behörden, Polizeiberichte oder Gerichtsurteile mit etwa
20 %.

Aber was ist mit der technischen Informationsgewinnung
(Aufklärung)? Viele Menschen treibt die Sorge um, persönliche
Informationen könnten gegen ihren Willen von Dritten gewonnen
und (gegen sie) verwendet werden. Dabei vertraut man staatlichen
Einrichtungen wie eben Geheimdiensten wenig, ihnen wird alles
zugetraut und ihr Image trägt Züge der »Halbwelt«. Doch der
Schein trügt: Gerade weil der ganze Geheimdienst-Bereich sehr
sensibel ist, sind insbesondere in Rechtsstaaten wie Deutschland
die Pflichten und Befugnisse der Geheimdienste genau geregelt.
Dies wird fortlaufend durch unabhängige Gremien kontrolliert
und publiziert.

Die Organisation von Geheimdiensten

In allen Ländern gibt es eine Vielzahl von Behörden, die mit der
offenen und verdeckten Informationsgewinnung betraut sind.
Dennoch gibt es ein klassisches Muster der Organisation von
staatlichen Geheimdiensten, das auf vier Säulen basiert: einem

Inlandsgeheimdienst, einem Auslandsgeheimdienst, einem militärischen Geheimdienst und anderen Behörden mit geheimdienstlichem Auftrag.

Dabei können die Kompetenzen und die Ausgestaltung variieren. Manchmal wird der Bereich der technischen Aufklärung wie in Großbritannien und den USA in einen eigenen Dienst ausgegliedert. Die EU-Staaten und z. B. Israel folgen weitgehend der »klassischen« Vierteilung. Dabei kann das militärische Nachrichtenwesen in zwei Behörden für In- und Ausland aufgeteilt sein. Bei Staaten, deren regionale und globale Rolle differenziertere Strukturen notwendig macht, gibt es weitere Verzweigungen und Ausgliederungen. Auf Grund eines fehlenden Trennungsgebots zwischen Polizei und Geheimdiensten ist die Bundespolizei FBI in den USA gleichzeitig mit den Aufgaben eines Inlandsgeheimdienstes betraut. Wie komplex eine Geheimdienst-Struktur auch sein kann, zeigen wiederum die USA.

Auch die interne Organisation von Geheimdiensten orientiert sich an einem klassischen Schema. Auf die Planung und Richtung der Tätigkeit folgt die Informationsbeschaffung, die sich in »operative Aufklärung mit menschlichen Quellen« und »technische Beschaffung« gliedert. Daneben kann es Spezial- und Querschnittsbereiche wie »Terrorismusbekämpfung«, »Wirtschaftsspionage«, »Bekämpfung der organisierten Kriminalität« oder »Proliferationsfragen« geben. Die gesammelten Informationen fließen in die Auswertung, die versucht, sie zu Lagebildern zusammenzusetzen. Daraus werden Analysen und Beurteilungen erstellt, die den politischen Entscheidungsträgern zur Verfügung gestellt werden. In vielen Geheimdiensten kennen sich die Mitarbeiter der Informationsbeschaffung und der Auswertung aus Sicherheitsgründen nicht. Die meisten Geheimdienste sind heute so organisiert, dass Abteilungen entweder nach den Stufen der Ermittlung (z. B. Beschaffung und Auswertung) oder den Einzelgebieten (z. B. organisierte Kriminalität oder Terrorismusbekämpfung) organisiert sind. Der deutsche Bundesnachrichtendienst ist hierfür ein gutes Beispiel.

Besondere Bedeutung kommt grundsätzlich der Abteilung »Auswertung« zu: Mit ihr steht und fällt die Qualität der Analysen des Geheimdienstes. Möglichst viele, qualitativ gute Informationen zu sammeln ist zwar wichtig, aber noch bedeutender ist es, Tausende unzusammenhängender Einzelinformationen wie in einem Puzzle ohne Vorlagebild zu einem schlüssigen Ganzen zusammenzufügen. Hierin liegt die Achillesferse der Geheimdienst-Tätigkeit, denn mit den heutigen technischen Möglichkeiten gibt es ein Vielfaches mehr an Informationen als früher, die alle verarbeitet und zueinander in Beziehung gesetzt werden müssen. Es ist vergleichbar einem Räderwerk, bei dem Auswahlentscheidungen (relevant oder nicht relevant) so getroffen werden müssen, dass die Räder ineinander greifen und ein sinnvolles Ergebnis produzieren. Am Schluss muss dieses Ergebnis so beschaffen sein, dass es dem Auftraggeber nützt, dass mit ihm in einer realistischen Art und Weise gearbeitet werden kann, was nicht heißt, dass das Ergebnis den Auftraggeber zufrieden stellen muss, sondern Informationen aufweist, auf die sich der Auftraggeber sinnvoll beziehen kann.

Operative Aufklärung: die Welt der Spione

In Filmen knacken Spione Panzerschränke und erzwingen sich den Zugang zu Geheimnissen mit vorgehaltenem Revolver. Die Wirklichkeit jedoch sieht anders aus. Nicht nur ist es ungefährlicher, sondern auch viel einträglicher, denjenigen, der den Schlüssel zum Panzerschrank besitzt, für eine Agententätigkeit anzuwerben.

Die »menschlichen Quellen«

Bei Geheimdiensten gibt es eine klare Hierarchie bei der Informationsbeschaffung. Zuerst werden offene Quellen ausgewertet und offene Gesprächsabschöpfung betrieben. Müssen geheimdienstliche, das heißt verdeckte Mittel eingesetzt werden, stehen an erster Stelle die zahllosen Möglichkeiten der technischen Informationsbeschaffung. Wenn das immer noch nicht reicht, wird versucht, Informanten und V-Leute zu gewinnen. Erst dann werden eigene Agenten eingesetzt. In der »Hierarchie der Informationsbeschaffung« werden Agenten nicht an erster Stelle eingesetzt, da ihre Enttarnung immer mit Gefahren persönlicher und behördlicher Art sowie politischen Verwicklungen verbunden ist.

Muskelgestählter Globetrotter und Womanizer in feinstem Anzug und teurem Sportwagen bestellt sich an der Bar einen Drink nach dem anderen: Gibt es nur im Film, aber nicht im echten Geheimdienst-Leben. Denn echte Agenten dürfen alles, nur nicht auffallen. Die Tarnung muss so authentisch wie möglich sein: wissbegieriger Journalist, eifriger Praktikant, biederer Botschaftsangehöriger, interessierter Wissenschaftler, unscheinbarer Firmenangehöriger, unwissender Tourist oder staunender Messebesucher. Mit technischer Informationsgewinnung und offenen Quellen kann man aber nicht an alles Wissen kommen, das man zu benötigen glaubt. Die Nähe zur Quelle des Wissens ist manchmal entscheidend. Oder aber, dass man in einer Szene fest verwurzelt ist und sich szenetypisch verhält. Da Geheimdienste auch in den Bereichen der organisierten Kriminalität und des Extremismus mehr und mehr Zuständigkeiten haben, werden gelegentlich auch extreme Anforderungen an Agenten gestellt: der überzeugte Nazi, der Helfer der Waffenschieber, der fanatische Islamist oder der Akzeptierte im Prostitutions- und Rauschgift-Milieu.

Undercover-Aufträge sind nicht nur mit einem hohen Risiko verbunden. Es ist zudem überaus schwierig, in die exklusiven Zirkel einzudringen, über die Informationen gewonnen werden sollen. Daher kann es Erfolg versprechender sein, keine eigenen Agenten einzusetzen, sondern Menschen zu gewinnen, die bereits in der Szene oder Organisation verwurzelt sind: V-Leute und Informanten. Informanten sind Personen, die entweder selbst oder über Dritte Zugang zu einer Organisation, Gruppierung oder Einrichtung besitzen, aber nicht vom jeweiligen Geheimdienst durch Verbindungsführer geführt und betreut werden. Sie liefern nach eigenem Ermessen, aber nicht unbedingt kontinuierlich oder regelmäßig Insider-Informationen. Auch wenn eine Abgrenzung schwierig ist, werden Informanten eher in Bereichen eingesetzt, in denen es nicht um Straftaten gegen die gesellschaftliche Grundordnung geht. Denkbar ist hier ein Einsatz im Bereich der Wirtschaft, in einer politischen Organisation oder ganz allgemein im Umfeld von Entscheidungsträgern.

Im Gegensatz zu Informanten sind V-Leute Personen, die ebenfalls dem Geheimdienst selbst nicht angehören, aber planmäßig zur verdeckten Beschaffung von Informationen über geheimdienstliche Beobachtungsobjekte eingesetzt sowie vom Geheimdienst geführt und betreut werden. V-Leute werden hauptsächlich in Bereichen eingesetzt (»penetrieren«), in denen regelmäßig Straftaten begangen werden, wie z. B. im rechts- und linksextremistischen Milieu, im extremistischen Milieu ausländischer Organisationen oder der organisierten Kriminalität.

Spione können ganz unterschiedlich vorgehen, solange sie sich auf dem Boden von Recht und Gesetz bewegen. Kritische Stimmen, wie sie die Website www.totalitaer.de wiedergibt, beschreiben die Arbeitsmethoden so: Überwachung, Einbruch, Manipulation, Desinformation, Diffamierung, Streuen von Gerüchten, Agitation, Verleumdung, Lüge, Geheimhaltung, das Unterdrücken von Nachrichten, Zersetzung, Erpressung, Agents Provocateurs und Propaganda. Dies ist sicherlich übertrieben und zum Teil den Geheimdiensten auch gar nicht erlaubt. Wie wird tatsächlich vorgegangen?

Die Anwerbung von Informanten und V-Leuten

Wie werden Menschen dazu gebracht, Spionage für einen Geheimdienst zu betreiben? Hier gibt der Verfassungsschutz Rheinland-Pfalz (1997) selbst Auskunft.

Bei der Anwerbung potenzieller Spione gehen Geheimdienste äußerst methodisch vor. Diese können bereits in Zielobjekten tätig sein (z. B. in einem Unternehmen, einer Partei, bei der Polizei oder in einer Melde-, Ausländer- und Finanzbehörde etc.). Gesucht werden aber auch Menschen, deren Werdegang interessant zu werden verspricht, um sie später in sensible Bereiche einzuschleusen (Perspektivagenten). Letztlich ist die Zahl der in Frage kommenden Personen sehr groß und bildet das ganze gesellschaftliche Spektrum ab, gewissermaßen alles vom Pförtner bis zum Professor.

Ist die Suche eines Geheimdienstes erfolgreich gewesen, beginnt die Phase der intensiven Ausforschung des »Kandidaten«. Er wird zum gläsernen Menschen, denn es werden Anstrengungen unternommen, alles Erdenkliche über ihn in Erfahrung zu bringen, auch und gerade seine intimsten Lebensdaten und -umstände. Dabei wird ein besonderes Augenmerk auf mögliche Schwachstellen gelegt (z. B. Verschwendungssucht, Alkoholismus, bizarre Vorlieben etc.), aber auch auf unerfüllte Wünsche, Hobbys und andere Charakteristika (z. B. ein besonderes Interesse an fremden Ländern und Kulturen).

Nach einer Auswertung der gewonnenen Informationen und einer detaillierten, auf die Person zugeschnittenen Planung der weiteren Vorgehensweise wird dann in der Regel eine Ansprache der Zielperson erfolgen. Dabei muss sich der Geheimdienst nicht unbedingt zu erkennen geben. Im Vordergrund stehen zunächst ein Abtasten und der Aufbau einer Vertrauensbasis. Für die Zielperson soll der Umgang mit dem Gegenüber zur ganz normalen Routine werden. Erst wenn der Geheimdienst sich eines Erfolges relativ sicher sein kann, wird er versuchen, die eigentliche Anwerbung in Angriff zu nehmen. Auch in dieser Phase wird er sich nicht unbedingt offenbaren. Offiziell wird immer eine plausible Begründung gegeben. Zum Beispiel: »Sie kennen doch viele Personen oder verstehen etwas von wirtschaftlichen oder politischen Zusammenhängen. Wir sind an Ihrer Sicht der Dinge interessiert.« Hintergrund des Anwerbeversuchs kann aber auch sein, dass man sich für spezielle Personen aus der Umgebung des Angesprochenen, also z. B. einen Freund, Arbeitskollegen oder jemanden aus der Familie, interessiert.

Wichtig für den Geheimdienst ist, dass die Zielperson zur Zusammenarbeit bereit ist und auf unbestimmte Dauer in der Lage ist, die gewünschten Informationen ohne größere Schwierigkeiten und Verwicklungen zu liefern. Dabei kann auch (allerdings nicht zwingend) Erpressung im Spiel sein. Sie gehört nach wie vor zu den klassischen Methoden der Anwerbung, z. B. über »Kompromate«.

Der Angesprochene selbst kann unterschiedliche Motive haben. Meistens geht es um Geld, das zu verdienen ist, um »seine Sache« weiter voranzubringen oder sich aus einer wirtschaftlichen Klemme zu befreien. Daneben gibt es auch Menschen, die sich aus ideellen und ideologischen Motiven und Überzeugungen anwerben lassen. Wieder andere sind von einer gewissen Geltungssucht getrieben. Gar nicht so selten sind auch »Selbstanbieter«, die von sich aus auf die Geheimdienste zukommen und ihr Wissen anbieten. Wie auch bei den aktiv Geworbenen liegt hier ein Bündel von Beweggründen vor, die von finanziellen, ideologischen bis hin zu individuell-psychologischen Motiven reichen.

Während manche den Einsatz von Informanten »nur« als verwerflich einstufen, kann es mit V-Leuten in extremistischen Zirkeln oder Organisationen zu ernsten Problemen kommen. Was darf der Staat, wenn er sich Informationen über extremistische Umtriebe und Organisationen beschaffen will? Die Diskussion über diese Frage wird in den letzten Jahren angesichts einiger Skandale (vgl. z. B. die NPD-V-Mann-Affäre, Kap. 6) verschärft geführt. In der Vergangenheit sind immer wieder Fälle von V-Leuten bekannt geworden, die ganz offensichtlich den vom Bundesverwaltungsgericht vorgegebenen Rahmen für die geheimdienstliche Beobachtung sprengen und selbst Straftaten begehen oder andere dazu animieren. Solche dubiosen Typen werden zudem von den Geheimdiensten nicht immer rechtzeitig »abgeschaltet«. Es soll bereits NPD-Kundgebungen gegeben haben, wo die Hälfte der Teilnehmer aus V-Leuten bestand. Diese sollen auch verfassungsfeindliche Symbole in Umlauf gebracht haben, um sie anschließend wieder einzusammeln und als Beweise zu verwenden (*Die Welt*, 15.02.2002). Beim Einsatz von V-Leuten scheinen deutsche Dienste auch dazu bereit zu sein, eine »moderate« Verstrickung der von ihnen geführten und bezahlten Quellen in Straftaten zu akzeptieren. »Eine Infiltrierung militanter islamistischer Gruppierungen mit menschlichen Quellen könnte dazu führen, dass V-Leute in stärkerem Umfang als bisher Kenntnis von Straftaten anderer erhalten oder selbst in Taten eingebunden werden.« Zur Aufklärung werde dies »in Kauf genommen werden müssen, um solche Strukturen effizient aufklären zu können«, wie aus den Behörden zu hören ist.

Die entscheidende Frage, die auch von Kritikern stets unbeantwortet bleibt, ist: Gibt es dann, wenn Agenten nicht sinnvoll oder möglich sind, außer V-Leuten und Informanten eine andere Möglichkeit des (menschlichen) Zugangs zu Informationen?

Das Hauspersonal: die Agenten der Geheimdienste

Unter den Agenten der Geheimdienste, also dem fest angestellten Personal, gibt es drei Kategorien, die sich durch drei Vorgehensweisen unterscheiden:

- Agenten geben sich offen als Geheimdienst-Mitarbeiter zu erkennen (mit Deck- oder Klarnamen),
- Agenten sind abgetarnt und gewinnen offene Informationen (Gesprächsabschöpfung),
- Agenten sind abgetarnt und gewinnen vertrauliche oder geheime Informationen.

Die offene Ansprache bietet sich an, wenn man dem Gegenüber deutlich machen will, dass er sich im Visier der Geheimdienste befindet, oder wenn man sicher ist, dass die Zielperson eine positive Einstellung zu Geheimdiensten mitbringt (entweder durch persönliche Einstellung oder dienstliche Funktion). Daneben kann es auch Gründe geben, Vertretungen im Ausland (Residenturen) bewusst nicht zu tarnen. Der Bundesnachrichtendienst (BND) soll damit gute Erfahrungen gemacht haben, indem er die »offenen Residenturen« als Kontaktbörsen genutzt hat.

Sehr effizient kann das Gewinnen offener Informationen durch getarnte Agenten sein. Nach wie vor nutzen alle Geheimdienste auch Messen, Ausstellungen und Seminare zur Beschaffung allgemein zugänglicher Informationen. Eine weitere klassische Vorgehensweise ist hier die gezielte methodische Gesprächsführung. Dabei erschließen Mitarbeiter der Nachrichtendienste, z. B. als Geschäftspartner oder Diplomaten getarnt, im Gespräch das Wissen anderer Personen, ohne dass die Betroffenen den geheimdienstlichen Hintergrund erkennen. Begünstigt wird dieses Vorgehen oft durch Unerfahrenheit und fehlende Sensibilität bei den Gesprächspartnern. Oft werden erste Kontakte bei offiziellen Veranstaltungen geknüpft, um diese dann später zu intensivieren und bei anhaltendem geheimdienstlichen Interesse auf die private Ebene zu verlagern. Wenn eine Zielperson über gute Zugangsmöglichkeiten zu einem Interessenbereich verfügt, wird man versuchen, sie als Agent zu gewinnen. Dafür werden oft Geld- oder Sachleistungen angeboten, jedoch schrecken Nachrichtendienste auch vor Erpressung bzw. Drohungen unter schonungsloser Ausnutzung der vorher recherchierten Schwächen der Zielperson nicht zurück. Solche »Kompromate« wie Schulden, Trunksucht oder eine außereheliche Beziehung sind oft persönliche Informationen, die zum Anwerben genutzt werden.

Eine relativ effiziente Möglichkeit, relevante Informationen zu erlangen, besteht in der Abtarnung von Agenten als Studenten, Praktikanten oder Austauschwissenschaftler an Universitäten, Hochschulen und Forschungseinrichtungen. Dort bieten moderne Kommunikationsmöglichkeiten den Agenten hervorragende Voraussetzungen für die Ausforschung von Daten und deren Übermittlung. Auch ausländische Delegationen, die Firmen, Forschungseinrichtungen und Behörden besuchen, können Nachrichtendienstmitarbeiter unerkannt für Spionagezwecke nutzen.

Dem klassischen James-Bond-Film am nächsten kommt der abgetarnte Einsatz von Agenten zur Gewinnung vertraulicher oder geheimer Informationen. Durch die Zentralen der Geheimdienste oder über deren (getarnte) Stützpunkte im Operationsgebiet werden Agenten geführt. Die Kontakte erfolgen in klassischer Form über geheime persönliche Treffen, »tote Briefkästen« und verschlüsselte Funksprüche. Darüber hinaus bieten moderne Kommunikationssysteme, wie z. B. das Internet, hervorragende Möglichkeiten für die Agentenführung. Exterritoriale Einrichtungen, wie Botschaften und Generalkonsulate, dienen Geheimdiensten traditionell als bevorzugte getarnte Stützpunkte (Legalresidenturen). Daneben werden auch Niederlassungen staatlicher oder halbstaatlicher Unternehmen wie z. B. Reisebüros, Presseagenturen, Fluggesellschaften und Import-/Exportfirmen bzw. gemischte Firmen wie Joint Ventures genutzt.

Eine besondere Rolle im Aufklärungskonzept der Geheimdienste spielen die Legalresidenturen an den offiziellen diplomatischen Vertretungen im Ausland. Im Heimatland ausgebildete Nachrichtendienstoffiziere werden als Angehörige der diplomatischen und konsularischen Vertretungen deklariert und für mehrere Jahre eingesetzt. Sie haben in dieser Funktion eine hervorragende Ausgangssituation, um Kontakte zu politischen und wirtschaftlichen Kreisen des Gastlandes zu knüpfen, und verfügen damit über eine breit gefächerte Palette an Zugangsmöglichkeiten zur Informationsbeschaffung. Daneben bietet das Berufsbild der Journalisten getarnten Geheimdienstangehörigen statusbedingte Vorteile, weil sie für Außenstehende von echten Journalisten nicht zu unterscheiden sind und ihren Gesprächspartnern und Kontaktpersonen zudem den Eindruck journalistischer Unabhängigkeit vermitteln, um ihnen unter der Tarnung des Investigativen Vertrauliches zu entlocken.

Darüber hinaus gibt es noch besondere Spielarten und Arbeitsweisen der Agententätigkeit, z. B. als

- MAULWURF: Agent, den ein Geheimdienst in einem gegnerischen Geheimdienst platziert hat mit der Aufgabe, deren Struktur und Arbeitsmethoden aufzuklären.
- COUNTERMAN: Ein Counterman (CM) ist ein Agent eines gegnerischen Geheimdienstes, der enttarnt und »umgedreht« wurde und jetzt als »Doppelagent« tätig ist.
- AGENT PROVOCATEUR: Ein Agent, der versucht, eine andere Person oder Gruppe zu einer Straftat zu provozieren, um den Sicherheitsbehörden einen Vorwand für amtliche Maßnahmen zu liefern. Solche Vorgehensweise ist indes vielen westlichen Geheimdiensten nicht erlaubt.
- NAHBEOBACHTER: Ein Agent, der gezielt eingesetzt wird, um im Rahmen seines Auftrages Personen aufgrund bestehender privater und / oder beruflicher Kontakte unauffällig zu beobachten.

Geheimnisverrat muss sich nicht in dunklen Ecken und hochkonspirativ vollziehen. Im Gegenteil, dabei handelt es sich eher um die Ausnahmesituation. Denn Leichtsinn und Fahrlässigkeit sind die preiswerten und einfachen »Helfer« der Geheimdienste. Schwatzhaftigkeit, Renommiersucht, unbedachter Umgang mit Kommunikationstechniken oder die Vernachlässigung von Sorgfaltspflichten beim Umgang mit zu schützenden oder vertraulichen Unterlagen haben schon oft zum Verlust wertvoller

Informationen geführt. Auch nutzen Geheimdienste den in offenen Gesellschaften oft leichtfertigen Umgang mit sensiblen Informationen zur gezielten »Gesprächsabschöpfung«. Dabei werden Personen, denen die Zugehörigkeit ihres Gesprächspartners zu einem fremden Nachrichtendienst nicht bekannt ist, um die Einschätzung bestimmter Sachverhalte gebeten. Gestalten sich solche Kontakte viel versprechend, schließen sich Einladungen zu Veranstaltungen, Empfängen und gemeinsamen Essen an. Die Zielperson wird auf diese Weise »kultiviert«; die Phase gezielter nachrichtendienstlicher Informationsbeschaffung beginnt.

Die technische Informationsbeschaffung

Für Geheimdienste spielen die neuen technischen Möglichkeiten im Rahmen der Informationsbeschaffung eine große Rolle. Die Möglichkeiten reichen von der »einfachen« Telefonüberwachung bis zum weltweiten Horchen und Ausspähen mittels Spionagesatelliten. Daneben gewinnen neue Identifizierungstechnologien wie die Biometrie an Bedeutung.

Technische Informationsbeschaffung: die »Basics«

Die staatlichen Inlandsgeheimdienste bedienen sich aller »nachrichtendienstlichen Methoden« einschließlich Beschaffung und Auswertung von Informationen durch Technik und Elektronik (Abhören, Video-Observation etc.). Die Auslandsnachrichtendienste vieler Staaten hören zudem die militärische und diplomatische Kommunikation anderer Staaten ab. Manche dieser Dienste überwachen auch, soweit sie dazu Zugang haben, die zivile Kommunikation anderer Staaten. In einigen Staaten haben die Dienste das Recht, auch die in das eigene Land kommende oder das Land verlassende Kommunikation zu überwachen. In Demokratien unterliegt die Überwachung der Kommunikation der eigenen Bürger durch Nachrichtendienste bestimmten Eingriffsvoraussetzungen und Kontrollen. Die nationalen Rechtsordnungen schützen aber nur Bürger, die sich im eigenen Staatsgebiet aufhalten. So hat sich die öffentliche Debatte vor allem an der Abhörtätigkeit von amerikanischen und britischen Nachrichtendiensten entzündet. In der Kritik ist das Mitschneiden und Auswerten von Kommunikation (Sprache, Fax, E-Mail). Aber auch andere Geheimdienste z. B. in der EU hören die verschiedensten Bereiche ab (Tab. 2).

Wenn Menschen über eine bestimmte Entfernung miteinander kommunizieren wollen, dann ist dazu ein Träger der Kommunikation notwendig. Das kann Luft (Schall), Licht (Morseblinker, optische Glasfaserkabel), elektrischer Strom (Telegraf, Telefon) oder eine elektromagnetische Welle sein (Funk in den verschiedensten Formen). Wer sich als Dritter Zugang zum Träger der Kommunikation schafft, kann sie abhören. Die Möglichkeiten reichen vom begrenzten Einzelfall bis zu globalen Abhörsystemen wie ECHELON.

Die Bandbreite an technischen Geräten zur Informationsgewinnung ist enorm und reicht von »klassischen« Schaltplänen für Hobby-Bastler bis hin zu 20 000 Euro teuren High-Tech-Wanzen. Geheimdienste sind hierbei im High-Tech-Profisegment tätig. Sie kaufen einerseits Technik von spezialisierten Privatfirmen, entwickeln andererseits aber auch selbst Technik weiter. Wie der Abhör-Experte *Manfred Fink* feststellt, sind heute einige Lauschtechniken messtechnisch überhaupt nicht mehr zu erfassen, was

Tab. 2: Abhörtätigkeiten von Nachrichtendiensten

Es wird abgehört ...

LAND	Auslandskommunikation	Staatliche Kommunikation	Zivile Kommunikation
Belgien	ja	ja	nein
Dänemark	ja	ja	ja
Finnland	ja	ja	ja
Frankreich	ja	ja	ja
Deutschland	ja	ja	ja
Griechenland	ja	ja	nein
Irland	nein	nein	nein
Italien	ja	ja	ja
Luxemburg	nein	nein	nein
Niederlande	ja	ja	ja
Österreich	ja	ja	nein
Portugal	ja	ja	nein
Schweden	ja	ja	ja
Spanien	ja	ja	ja

Quelle: Europäisches Parlament (2001).

die Bedeutung der physischen Suche stärkt. Teilweise bedarf es zum Lauschen auch keiner Hardware mehr, sondern es werden wie im ISDN nur noch Software-Manipulationen vorgenommen. Fortschreitende Miniaturisierung und hochintegrierte Schaltkreise lassen Abhörtechnik immer kleiner und Tarnmöglichkeiten immer besser werden.

Nach den Ereignissen des 11. Septembers hat sich der Trend zur Überwachung nochmals verstärkt. Der US-Patriot Act (Provide Appropriate Tools Required to Intercept and Obstruct Terrorism), der wenige Wochen nach den Anschlägen beschlossen wurde, gibt der Exekutive weitreichende neue Rechte zum Abhören von Kommunikation und Sammeln von Daten. In den meisten europäischen Ländern wurden ebenfalls Gesetze zur Erleichterung von technischer Informationsbeschaffung und Überwachung verabschiedet. Geheimdienste wandern hier auf einem schmalen Grad. Zum einen werden Informationen zur Prävention und Aufklärung benötigt, andererseits wird massiv in die Privatsphäre der Bürger eingegriffen. Problematisch ist insbesondere, dass nicht nur die jeweiligen Zielpersonen geheimdienstlich »bearbeitet« werden, sondern auch ihr Umfeld mit ins Visier gerät.

Die Möglichkeiten des (elektronischen) Spionierens

Grundsätzlich zur Informationsgewinnung mittels Abhören interessant sind nach *Manfred Fink*:

- PERSÖNLICHE GESPRÄCHE mit und ohne Zugang zum Raum z. B. durch Richtmikrofone, Laser-Abhörsysteme, Körperschallmikrofone, Lauschen via Computer, Manipulation von ISDN-Anlagen, HF-Fluten analoger Telefone, Mikrowellenfluten von Räumen, Minitonbänder, Raummikrofone, Manipulation von Gabelkontakten, Harmonium-Wanzen und Mini-Sender.
- TELEKOMMUNIKATION mit oder ohne Zugang zum Raum z. B. durch induktive oder galvanische Koppelung, Manipulation oder verbotene Leistungsmerkmale von Telekommunika-

tionsanlagen, Betriebsfunk und Funktelefone, Richtfunkstrecken und Kommunikationssatelliten sowie digitale mobile Telefone.

- DATEN DER EDV mit und ohne Zugang zum Raum z. B. durch kompromittierende Abstrahlung, Modemzugänge jeder technischen Art, Passwörter, Koppelung an Datenleitungen oder Manipulation der Hardware.
- VISUELLE INFORMATIONEN mit und ohne Zugang zum Raum z. B. durch Videomonitore, Objektobservation, Fuhrparküberwachung, Kurierdienste, Video-Kameras oder Video-Wanzen.

Über welche technischen Möglichkeiten Geheimdienste mindestens verfügen, macht ein Blick auf die Wirtschaftsbranche »Überwachungstechnik« deutlich. Mit den technischen Entwicklungen hat auch eine gewisse Popularisierung früher exklusiver Geheimdienst-Methoden eingesetzt, so dass heute der Bürger durch private Anbieter und frei verkäufliche Produkte eine Vorstellung davon bekommt, was alles technisch machbar ist, und es dann auch kaufen kann. Dabei geht der Trend klar zu Miniaturlösungen. Es kann davon ausgegangen werden, dass Geheimdienste noch über wesentlich genauere und weitergehende Technologie verfügen. Die Tendenz ist aber eindeutig: Jeder kann heute sein eigener Mini-Geheimdienst sein, soweit Interesse besteht und Geld vorhanden ist.

Auf dem internationalen Markt ist legal und illegal letztlich jede Form von Überwachungstechnik zu kaufen. Anbieter in Deutschland unterliegen hier teilweise strengeren Regelungen und unterscheiden in einen frei verkäuflichen und einen »Behördenbereich«. Die Technik im »Behördenbereich« kann zum Teil von Unternehmen im Ausland geliefert werden. Hintergrund: Geheimdienste entwickeln ihre Technik nicht komplett selbst, sondern greifen auch auf private Unternehmen aus der »Surveillance-Branche« als Geschäftspartner zurück. Interessant ist, welche High-Tech-Geräte mit dem nötigen Kleingeld (Überwachung ist nicht billig!)

bereits von jedem Interessenten in Deutschland frei und legal gekauft werden können. Eine Vielzahl von seriösen Anbietern (z. B. *www.alarm.de*) hat sich in diesem Segment spezialisiert. Dabei sind natürlich die Produkte an sich nicht zu beanstanden, denn es kommt immer darauf an, zu welchem Zweck man sie einsetzt. Missbräuchliche und strafbare Nutzung kann nicht ausgeschlossen werden. Was gibt es? Ausgewählte Produkt-Beispiele:

AUDIOÜBERWACHUNG
- Sprachgesteuerte Subminiatursender mit hoch empfindlichem Mikrofon zur Raumabsicherung.
- Stethoskop-Sender (Körperschall): Körperschallwellen werden aufgenommen, gefiltert, verstärkt und über Funk an einen Empfänger übertragen.
- Handy-Relais-Empfänger: Der Empfänger kann über GSM abgehört werden, somit ist eine weltweite Überwachung möglich.
- High-Tech-Miniaturwanzen für Telefonanlagen, durch die alle im Raum geführten Gespräche klar und deutlich gehört werden können (Einsatz im analogen und digitalen Telefonnetz möglich).
- Aufzeichnungsgeräte mit Sprachsteuerung (z. B. Digital-Miniatur-Rekorder in Kugelschreiber-Größe).

VIDEOÜBERWACHUNG
- Getarnte (Funk-)Kameras. Grundsätzlich ist es möglich, viele Alltagsgegenstände mit Kameras zu versehen, ohne dass diese auffallen. So kann unauffällig beobachtet werden, ohne offensichtliche Installationen vornehmen zu müssen. Es können sowohl Farb- als auch S / W-Kameras verwendet werden. Angeboten werden z. B. Digitalkameras in Kugelschreibern, Knöpfen, Taschenrechnern, Vogelhäusern, Zigarettenschachteln und Uhren.
- Platinen- und Miniaturkameras sowie Industrie- und Speed-

Dome-Kameras zur »offenen Überwachung« (z. B. Außen-kameras, Kameras in Rauchmeldern).

- Digital- und Analog-Aufzeichnungssysteme sowie GSM-und ISDN-Übertragung (z. B. der »SpyObserver« als mobiles Videoübertragungs-System mit integriertem GSM-Modem und Akkus).

TELEFONÜBERWACHUNG

- ISDN-Systeme: Telefon-Rekorder/-sender, Mitschnittsysteme.
- Analog-Systeme: Telefon-Sender, PC- und Kassetten-Aufzeichnungsgeräte.
- GSM-Monitoring (Abhören von Handys): Auf dem deutschen Markt legal nur von entsprechenden »Behörden« zu erwerben, wie alle Surveillance-Homepages angeben. Im Ausland und illegal aber auch von Privatleuten zu beschaffen. Besonders interessant: IMSI-Catcher, die dem Handy ein Netz vortäuschen.

AUFSPERRTECHNIK

- Elektropicksets für Anfänger und Fortgeschrittene: Zum Öffnen von Türen, ohne Beschädigungen zu verursachen (z. B. Anfänger-Handpickset mit Handbuch »Fundamentale Aufsperrmethoden von Schlössern«).
- »Dietrich-Sets« für Buntbart- und Besatzungsschlösser.
- Fahrzeug-Öffnungs-Kits, darunter Probierschlüssel-Sets für PKW-Schlösser von z. B. VW, Audi, Seat, Skoda, Porsche, Ford sowie Fahrzeugschlüssel-Simulatoren-Sets.
- Schlüsselkopier-Systeme
- Werkzeug und Hilfsmittel für die Safe- und Tresor-Öffnung
- oder gleich den »Premium-Einsatzkoffer« (Werbung: »Dieses Traumangebot richtet sich an alle Existenzgründer in der Öffnungstechnik. Ausgewählte und hochwertige Qualitätswerkzeuge sind ab sofort mit einem Griff immer dabei«).

Unternehmen, die solche Produkte anbieten, verkaufen in der Regel auch legal an Privatleute Schutztechnik. Einzelne Beispiele von Produkten, die zum Verkauf angeboten werden:

- Minisender-Aufspür-Geräte: Minisender, digitale Minisender, Peilsender, Mobiltelefone und Videosender werden mit diesem Gerät schnell, sicher und einfach gefunden.
- Extreme-Detektoren: Mini-Spion-, Wanzen-, Handy- und Funkkamera-Finder.
- Telefonstimmen-Veränderer: Veränderung der Tonhöhe der Sprache ohne Verzerrung (durch Regler, damit kein »Mickey-Maus-Effekt«). So lassen sich z. B. Männer- in Frauenstimmen umwandeln und umgekehrt. Sogar aus einer Kinderstimme lässt sich eine tiefe Männerstimme erzeugen, die natürlich klingt.
- Rausch-Generatoren: Die Geräte bieten Schutz vor elektronischen Stethoskopen, Stethoskopsendern und Laserabhörgeräten.
- Voice-Crypt: Abhörsicheres Telefonieren durch Verschlüsselung der Telefongespräche.

Wer nicht will oder aus beruflichen Gründen nicht zulassen kann, dass Geheimdienste oder privat Interessierte zu viel über ihn erfahren, kann zu entsprechenden Abwehrtechniken greifen. Allerdings kann der Informationsfluss allenfalls gebremst werden. Es bleiben selbst beim professionellen »Säubern« (Sweep) durch entsprechende Profis Restrisiken, die sich nie ausschalten lassen. Zurzeit weder durch die messtechnische noch physische Suche zuverlässig nachweisbar sind: der Einsatz von Richtmikrofonen (durch gekippte oder geöffnete Fenster), bei Überprüfung abgeschaltete Laser-Abhörsysteme, Körperschall-Mikrofone z. B. in benachbarten Etagen oder Räumen, Lauschen per Computer, Abhören von schnurlosen Telefonen und Handys, Abhören von Richtfunkstrecken und Satelliten, Auffangen der Abstrahlung von Monitoren oder Manipulation von Fax-Zieltasten.

Hundertprozentigen Schutz vor Überwachung, Abhören und Spionieren mit entsprechender Technik gibt es auch ohne Geheimdienste nicht. Und die Branche boomt, was (technische / elektronische) Anlagen zur privaten Verwendung betrifft. Geheimdienste spielen allerdings qualitativ und quantitativ in einer noch höheren Klasse. Wer Informationen mitzuteilen hat, die auch ungebetene Zuhörer interessieren könnten, sollte einige Verhaltens- und Schutzregeln beachten:

1. Keine Namen, Adressen und andere sensible Informationen über Telekommunikationskanäle mitteilen, wenn es nicht unbedingt sein muss; egal ob Telefon, Fax, E-Mail oder Handy. Auch dann nicht, wenn die Gegenseite bekannt ist.

2. Das persönliche Gespräch suchen in Räumen, in denen Abhörtechnik weitgehend ausgeschlossen werden kann.

3. Schlüsselwörter und Fachsprache vermeiden.

4. Wer sicherer sein will, setzt entsprechende Abwehrtechniken ein, denn zu einigen Angriffen existieren Abwehrmethoden (z. B. abhörsichere Räume und Telefonanlagen).

5. Persönlich verabredete Sprach-Codes einsetzen.

6. Die Zahl der »Wissenden« begrenzen, denn wer nicht umfassend informiert ist, kann keine solchen Informationen ausplaudern.

7. Offen zugängliche Informationen daraufhin überprüfen, ob sie nicht zu viel aussagen oder unerwünschte Interessenten anlocken.

8. Den privaten Lebensbereich von der »öffentlich« ausgeübten Tätigkeit trennen.

9. Beobachtung seiner Umgebung und des Umfeldes. Ist etwas anders als sonst? Technik funktioniert nicht von selbst. Zu ihr gehören Menschen, die sie anbringen oder bedienen.

10. Last, but not least: Das Bewusstsein, dass andere sich aus diesen oder jenen Gründen für mich interessieren könnten.

Geheimdienstliche Abhör- und Überwachungsmethoden

In diesem Bereich kann der Bürger selbst viel in Erfahrung bringen, wie Dirk Schmidt (2000) zeigt. Geheimdienste überwachen Übertragungswege, da die Überwachung so meist unentdeckt bleibt und einfacher zu realisieren ist als z. B. winzige Mikrofone mit einem Sender (»Wanzen«) in ein Telefon einzubauen. Der Zugang zu einem Übertragungsweg eröffnet auch die Möglichkeit, eine Vielzahl von Sendern und Empfängern von Botschaften abzuhören. Zugang zu erhalten ist auf unterschiedliche Weise möglich. Unterschieden werden muss, ob das mit oder ohne Wissen und Hilfe des Betreibers eines Übertragungsweges geschieht.

Kabelverbindungen

Um Kommunikation über Kabel abhören zu können, ist es nötig, Zugang zu haben. Das kann einerseits mit Hilfe des Betreibers geschehen, der sämtliche oder ausgewählte Verbindungen an den Geheimdienst weiterleitet. Ohne Wissen eines Betreibers einer Kabelverbindung besteht andererseits die Möglichkeit, diese »anzuzapfen«. Das heißt, der Geheimdienst selbst muss die Vorrichtungen unbemerkt unterhalten und einrichten, die ihm Zugang zu den gewünschten Verbindungen liefern. Kabelverbindungen, die über elektrische Ströme, die durch metallene Drähte fließen, zustande kommen, bieten die Möglichkeiten, »Induktionen« einzufangen. Das Prinzip: Strom, der in einem Draht fließt, erzeugt elektromagnetische Schwingungen, Wellen, welche sie in andere Drähte oder metallene Gegenstände (Antennen) übertragen. Glasfaserkabel allerdings sind sehr schwer auf diese Weise abzuhören, da die über sie übertragenen Lichtwellen keine Induktion aufweisen. Eine Unterbrechung, um die Kommunikation anzuzapfen, kann aufgrund technischer Aspekte kaum unentdeckt bleiben. Einen Angriffspunkt bieten Glasfaserkabel aber an den Verstärkungsstellen (Repeater). Das Signal eines Glasfaserkabels muss ca. alle 40 Kilometer verstärkt werden. Hierfür müssen technische Apparaturen angebracht werden, die das Signal eines Kabelendes auffangen und verstärkt in das andere abgeben.

Funkübertragung

Funkübertragung benutzt ebenfalls den Effekt der Induktion. Eine Sendeeinrichtung lässt in einer Antenne Strom mit einer bestimmten Frequenz fließen, der gleichzeitig Träger von Informationen ist. Von der Antenne werden elektromagnetische Wellen ausgesendet, die abhängig von der Frequenz bestimmte Eigenschaften besitzen. Diese elektromagnetischen Wellen werden vom Empfänger mit Hilfe einer Antenne aufgefangen und die Informationen, die daran gekoppelte Kommunikation kann sichtbar bzw. hörbar gemacht werden. Diese Technik bedingt, dass es mehr als einen Empfänger geben kann.

Satelliten

Zum Abhören geostationärer Satelliten (diese verändern ihre Position nicht) genügt es, eine zweite Empfangsstation zu bauen, die die elektromagnetischen Wellen, welche der Satellit an den Empfänger schickt, abhört. Sender und Empfänger dürfen bei dieser Technik theoretisch maximal 180 Längen- oder Breitengrade entfernt sein. Sonst werden mindestens zwei Satelliten benötigt, um die Erdkrümmung zu überwinden. Betreiber von geostationären Satelliten sind INTELSAT und EUTELSAT, deren Satelliten regionale Telefon-, Fernseh- und Datenübertragung übernehmen. Aber auch der amerikanische Geheimdienst NSA betreibt geostationäre Spionagesatelliten. Nicht geostationäre Satelliten hingegen ändern permanent mit unterschiedlicher Geschwindigkeit ihre Position. Das Abhören eines einzelnen Satelliten ist somit sehr schwierig, da dies immer nur von bestimmten Standorten zu bestimmten Zeiten möglich ist. Ein »Bündel« solcher Satelliten abzuhören ist wiederum ohne Zusammenarbeit mit dem Betreiber kaum möglich, es sei denn, man hat viele Standorte über die Welt verteilt.

Digitale (Telefon-)Verbindungen

Telefongespräche zum Beispiel werden hier digitalisiert, die digitalen Daten dann in Paketen gesendet, empfangen und wieder in

Töne (Gespräche) umgewandelt. Die Datenpakete verschiedener Gespräche können so gebündelt übertragen werden. Diese umfassen nicht nur das Gespräch selbst, sondern auch die Telefonnummer des Empfängers und des Senders. Dies ermöglicht die gezielte Zuordnung von Gesprächen zu bestimmten Telefonapparaten und somit Personen. Wie bei Kabelverbindungen mit analoger Übertragung können hier Übertragungswege angezapft werden und die digitalisierten Datenpakete dann zurückverwandelt werden.

Handys werden dabei weltweit immer beliebter. Aber auch Mobilität und immer während Erreichbarkeit haben ihren Preis. Lange Zeit haben Netzbetreiber und Gerätehersteller gerade mit der Verschlüsselung für diese Kommunikationstechnik geworben. Was nicht erwähnt wird, ist, dass Netzbetreiber, aber auch Geheimdienste mit so genannten »IMSI-Catchern« durch einen Befehl die Verschlüsselung ausschalten können. Dabei kann gewährleistet werden, dass eine unverschlüsselte Übertragung am Handy nicht angezeigt oder sichtbar wird. Die technische Entwicklung von Handys erlaubt es heute neben SMS auch, Bilder und Videoclips mit dem Handy aufzunehmen und zu versenden, im Internet zu surfen und Computer-Daten auf das Handy (USB-Technik) und von dort zu überspielen. Der Überwacher freut sich über eine zusätzliche Quelle: Grundsätzlich sind diese Informationen damit technisch ebenfalls beschaffbar geworden.

Telefax, E-Mail, Internet und Daten

Beim Faxverkehr werden in der Regel Übertragungswege des Telefonierens genutzt, die sich wie diese abhören lassen. Auch der E-Mail-, Internet- und anderer Datenverkehr läuft bei »normalen« Nutzern über derartige Verbindungen (Kabel, Satellit). Übertragungen via Internet enthalten ebenso wie z. B. digital verschlüsselte Telefongespräche nicht nur die Daten, sondern auch Informationen über Sender und Empfänger, z. B. IP-Adressen oder Cookies, die von Geheimdiensten ausgewertet werden können. Das wiederum lässt Rückschlüsse auf Identitäten, Vorlieben und Verhaltensweisen zu.

Für das Abhören von Daten, die via Internet übertragen werden, gibt es zwei Möglichkeiten: Zum einen können die Übertragungswege abgehört werden, zum anderen die Zusammenarbeit mit den Betreibern (und Providern). Für Letztere wird z. B. »Sniffer-Software« an neun wichtigen Internet-Austauschpunkten, an denen die unterschiedlichen Netzwerkteile miteinander verbunden sind, eingesetzt.

COMPUTERGESTÜTZTE AUSWERTUNG

Nachdem Zugang zu einem Übertragungsweg besteht und die Signale empfangen werden können, müssen diese nach Kanälen, den unterschiedlichen Übertragungsinhalten und Arten der Botschaften getrennt werden. Die manuelle Auswertung der abgehörten Informationen ist dabei auf Grund der heute übertragenen und abgehörten Datenmengen nicht mehr realisierbar. Daher haben Hochleistungscomputer-Verbünde in den Geheimdiensten den Menschen in diesem Bereich weitgehend verdrängt. Es gibt zwei Filtertechniken zur computergestützten Auswertung:

- Es werden gezielt die Übertragungsinhalte eines Senders und / oder Empfängers herausgefiltert und untersucht. Hierbei werden ganz bestimmte Personen oder Organisationen (z. B. politische Parteien, Unternehmen) ausgeforscht.
- Es werden sämtliche Übertragungsinhalte mit einem oder mehreren bestimmten inhaltlichen Merkmalen ausgefiltert und untersucht. Erforderlich hierfür ist eine Sprach- und / oder Datenerkennungssoftware, die in unterschiedlichen Sprachen auf bestimmte Schlüsselbegriffe anspringt. Die inhaltliche Auswertung geschieht anhand von Wortlisten. Kommt entweder ein Wort oder eine Kombination von Worten in einem Übertragungsinhalt vor, so wird dieser herausgefiltert und einer weiteren Auswertung zugeführt.

Viele Geheimdienste, die sonst nicht als besonders gesprächig bekannt sind, haben lange Zeit immer wieder dementiert, dass sie über solche Möglichkeiten und Einrichtungen insbesondere der Sprach- und Datenerkennung verfügen – eine Fehlinformation. Es ist davon auszugehen, dass zumindest die Geheimdienste in »technologisierten« Staaten des Westens und Ostens über die entsprechende Technik verfügen und diese auch betreiben. Nach dem Motto »Was nicht groß ist, taugt auch nichts« haben die USA auch in diesem Sektor eine führende Rolle.

Die Omnipräsenten: weltweites Lauschen der NSA

Der »technisch-elektronische« US-Geheimdienst »National Security Agency« (NSA) betreibt als »Senior-Partner« mit anderen ein weltweites Lausch- und Abhörsystem namens ECHELON. ECHELON ist ein automatisiertes, gestaffeltes System und Überwachungsnetzwerk, um Daten auszuwerten, die man durch das Abhören von Kommunikationsverkehr aus der ganzen Welt erhalten hat. Es wird von den wichtigsten Geheimdiensten aus fünf Nationen betrieben, die auf der Grundlage verschiedener Abkommen zusammenarbeiten: aus den USA, Großbritannien, Kanada, Australien und Neuseeland. ECHELON ist in den USA Bestandteil der Geheimdienstkomponente COMINT (Communications Intelligence). Darunter versteht die NSA alle technischen und nachrichtendienstlichen Informationen ausländischer Kommunikation, die an sie selbst sowie politische und wirtschaftliche Entscheidungsträger gehen. Dazu zählen militärische Kommunikation, Radio, Telefonate, Telegramme, E-Mails, Faxe und TV-Übertragungen. Neben COMINT bildet ELINT (Electronic Intelligence) die zweite Geheimdienstkomponente. ELINT befasst sich mit Kenndaten des Radars, der Raketentelemetrie und von Datensystemen. Beide Komponenten zusammen bilden den Oberbereich SIGINT (Signal Intelligence).

Die Wurzeln von ECHELON liegen in dem 1947 geschlossenen, geheimen UKUSA-Übereinkommen zwischen den USA, England, Australien, Neuseeland und Kanada, das zum Ziel hatte, auch nach Ende des 2. Weltkrieges bei globalen COMINT-Operationen, die gegen die damalige Sowjetunion und deren Bruderstaaten gerichtet waren, weiter zusammenzuarbeiten. Auch heute noch sind viele ECHELON-Stationen im Pazifikraum auf die Kommunikation Russlands und Chinas ausgerichtet. Aus dieser Zusammenarbeit entstanden die jetzt bekannten Abhöreinrichtungen des ECHE-LON-Systems.

War es das Ziel ECHELONS während des Kalten Krieges, die Kommunikation innerhalb der Sowjetunion, Chinas bzw. zwischen sozialistischen Staaten abzuhören, umfasst das Abhörspektrum heute zusätzlich die Kommunikation ziviler Personen und Organisationen und jeglichen diplomatischen Kommunikationsverkehr. Zu bekannten Abhörzielen des ECHELON-Systems zählen z.B. internationale Nichtregierungs-Organisationen (NGO) wie »Amnesty International« und »Greenpeace«. Den meisten am ECHELON beteiligten Geheimdiensten ist es zwar untersagt, die Bürger des eigenen Landes auszuspionieren, aber der Verbundcharakter von ECHELON ermöglicht es, dass der Geheimdienst eines Landes »stellvertretend« einen Observationsauftrag »im Auftrag« desjenigen Geheimdienstes ausführt, der das offiziell nicht darf. Die gewonnenen Daten können anschließend über den Verbund an den Geheimdienst zurückfließen, von dem der Observationsauftrag ausging. So könnte die NSA australische Bürger oder die Briten amerikanische Bürger im Auftrag der NSA abhören. Ein weiteres Abhörfeld, das immer mehr Bedeutung erlangt, ist die Gewinnung von Informationen, Absprachen und Daten ausländischer Unternehmen, die über US-Regierungsbehörden den eigenen Unternehmen zugespielt werden, um ihnen Wettbewerbsvorteile und einen Vorsprung im technischen Knowhow auf einem globalisierten Markt zu verschaffen. Überflüssig zu erwähnen, dass dies von der NSA bestritten wird.

Geostationäre Spionagesatelliten in diesem System unterhalten zurzeit nur die USA. Seit den 1980er Jahren gibt es aber kaum einen Teil der Erde, der nicht durch eine Abhöranlage, eine Satellitenüberwachungsstation oder Spionagesatelliten aus dem Besitz eines der UKUSA-Mitglieder kontrolliert wird. Damit ist es ECHE-LON möglich, eine Vielzahl unverschlüsselter und einige Typen verschlüsselter Kommunikation (standardisierte Verfahren) welt-weit abzuhören und zu verarbeiten. ECHELON soll täglich bis zu 3 Milliarden Kommunikationsverbindungen abhören und dabei Telefon- und Faxverbindungen, E-Mail-Verkehr, Internet-Chats, Newsgroups und Ähnliches erfassen. Zum Abhören von Kommu-nikation über Satelliten und Kabel unterhält die UKUSA-Allianz ca. 120 Systeme und Bodenstationen. Standorte für diese Anlagen sind z. B. Morwenstow (Cornwall, England), Yakima (Washing-ton, USA), Sugar Grove (West Virgina, USA), Sabana Sece (Puerto Rico, USA), Leitrim (Ontario, Kanada), Kojarena (Australien) und Waihopai (Neuseeland); kleinere Standorte sind Misawa (Japan), Cheltenham (England) und Shoal Bay (Australien). Die größten Anlagen speziell zum Abhören von Kommunikationssatelliten als Einrichtungen des ECHELON-Komplexes (+ Downlink zur NSA) finden sich in Menwith Hill (Großbritannien), Bad Aiblingen (Deutschland), Denver (USA), Pine Gap (Australien), Perth (Aus-tralien) und Waihopai (Neuseeland).

Eine solche Kette von geheimen Abhörmöglichkeiten ist welt-weit errichtet worden, um alle Komponenten der internationalen Telekommunikations-Netzwerke anzuzapfen. Dazu gehören Ab-hörsatelliten für Kommunikation, landbasierte Kommunikations-Netzwerke und andere Funkkommunikationsarten. ECHELON verknüpft diese Möglichkeiten und versetzt die USA auf diese Weise in die Lage, zumindest theoretisch die gesamte weltweite Kommunikation abzuhören. Die Computer an jeder Station im ECHELON-Netzwerk suchen automatisch durch die Millionen von abgehörten Mitteilungen nach denen, die vorprogrammierte Schlüsselwörter enthalten. Die Schlüsselwörter enthalten z. B. re-levante Namen, Plätze und Themen. Jedes Wort von Mitteilungen, die abgehört werden, wird von den Stationen automatisch darauf durchsucht, ob sie ein Schlüsselwort aus der Liste enthalten. Tau-sende von simultanen Mitteilungen werden in Echtzeit gelesen. Die Computer in den Stationen rund um den Globus sind als die »ECHELON-Wörterbücher« bekannt. Computer, die automa-tisch den Datenverkehr nach Schlüsselwörtern durchsuchen, existieren seit den 1970er Jahren, aber das ECHELON-System wurde von der NSA entwickelt, um diese Computer miteinander zu verbinden und die Stationen als Teil eines Ganzen auszurichten.

Die Wörterbuchcomputer des ECHELON-Systems sind verbunden über ein verschlüsseltes Kommunikations-Netzwerk. Vorstellbar ist das System als »Geheimdienst-Internet«. Die Schlüsselkomponenten des ECHELON-Systems sind lokale »Wörterbuch-Computer«, die eine große Datenbank zu einzeln angegebenen Zielen und Themen aufbewahren. Diese Datenbank besteht aus Namen, Themen, Adressen, Telefonnummern und anderen Suchkriterien. Eingehende Nachrichten werden mit diesen Kriterien verglichen. Der Computer notiert automatisch technische Details wie Zeit und Ort des Abhörens, so dass Analysten wissen, wo die Informationen herkommen und wie sie einzuordnen sind. Zum Schluss schreibt der Computer zur späteren leichteren Auffindbarkeit einen vierstelligen Code für die Kategorie mit den Schlüsselwörtern an das Ende der Mitteilung. Vom Prinzip her kann man dies mit Internet-Suchmaschinen vergleichen, die bei Eingabe einer Buchstaben- oder Zahlenfolge als Suchbegriff alle Übereinstimmungen als Treffer auswerfen.

Doch ECHELON kann auch nicht alles abhören. Der ECHELON-Experte und Journalist *Duncan Campbell* führt aus, dass auch ECHELON seine Grenzen habe, dass sich die ursprüngliche Auffassung, eine lückenlose Überwachung sei möglich, als falsch herausgestellt habe. »Weder ECHELON noch das elektronische Spionagesystem, von dem es ein Teil ist, sind dazu in der Lage. Das Equipment ist auch gar nicht vorhanden, das die Kapazität hätte, den Inhalt jeder Sprachnachricht oder jedes Telefonanrufs zu verarbeiten und zu erkennen.« (*Campbell* 1999) Vielleicht ist es aber doch nur eine Frage der Zeit, denn die USA planen noch größere Einrichtungen. Weitere gravierende Nachteile von ECHELON zeigt der amerikanische Geheimdienstexperte und Buchautor *James Bamford* auf. Gerade in den Ermittlungen vor und nach den Ereignissen des 11. September haben sie sich offenbart: Was nützen Tausende von

Puzzle-Teilen, wenn sie nicht vernünftig zusammengesetzt werden (können)? Abermillionen von Telefongesprächen werden von der NSA belauscht, mitgeschnitten, abgespeichert. Aber es gibt viel zu wenige Experten mit vertieften Fremdsprachenkenntnissen, die die Informationen etwa in Urdu oder Farsi auswerten können, um brauchbare Erkenntnisse zu gewinnen. Darüber hinaus ist die Gegenseite anpassungsfähig, denn »No Tech schlägt High Tech«. In Ländern wie Afghanistan hatte die NSA daher kaum eine Chance, weil es einfach zu wenig moderne Kommunikationstechnik gibt, die abgehört werden könnte. Während früher z. B. *Osama bin Laden* noch im Gespräch mit seiner Mutter belauscht werden konnte, verliert sich seine (elektronische) Spur heute. Denn inzwischen setzt er auf »No Tech«, das heißt Boten, die Nachrichten für ihn übermitteln.

Schwierig wird es darüber hinaus im Kabelbereich. Die ECHELON-Staaten können mit vertretbarem Aufwand nur an den Endpunkten der Unterwasserkabel, die auf ihrem Staatsgebiet ankommen, abhören. Im Wesentlichen können sie also nur kabelgebundene Kommunikation abgreifen, die in ihr Land kommt oder ihr Land verlässt. Das heißt, ihr Zugriff auf die ins Land kommende und das Land verlassende Kabelkommunikation in Europa beschränkt sich auf das Territorium Großbritanniens. Inlandskommunikation wird bisher meist im inländischen Kabelnetz gehalten. Voraussetzung für die Einschränkung: Die Kommunikation ist nicht zuvor über Satelliten übertragen worden.

Etwas anders liegt der Fall für das Internet (im Kabelbereich!). Denn mit der Kommerzialisierung des Internets und der Etablierung von Internetprovidern ging die Kommerzialisierung des Netzes einher. Seitdem betreiben oder mieten Internetprovider eigene Netze. Sie versuchen deshalb zunehmend, Kommunikation innerhalb ihres eigenen Netzes zu halten, um die Zahlung von Nutzungsgebühren an andere Netzteilnehmer zu vermeiden. Die über den Transport von Datenpaketen entscheidenden, an den Knotenpunkten der Netze eingerichteten Computer (»Router«) organisieren den Übergang in andere Netze an bestimmten

Übergabepunkten (»Switches«). Früher waren die »Switches« der globalen Internetkommunikation in den USA beheimatet. Heute dagegen wird die innereuropäische Kommunikation im Internet nur noch zu einem sehr geringen Anteil über die USA abgewickelt. Die innereuropäische Kommunikation wird zu einem kleinen Teil über einen Switch in London ausgeführt, zu dem der britische Geheimdienst GCHQ Zugang hat. National wird von den Inlandsgeheimdiensten außerhalb ECHELON abgehört.

Die Kontrolle des ECHELON-Systems ist noch stark verbesserungsfähig, was zahlreiche Gremien auf EU-Ebene, aber auch in Deutschland auf den Plan gerufen hat. Denn wenn ECHELON alles das kann, was ihm zugeschrieben wird, ergibt sich ein Problem: Die nationalen Schutz- und Kontrollbestimmungen geheimdienstlicher Tätigkeit könnten ebenso mühelos unterlaufen werden wie das Grundrecht auf Privatsphäre. Aber auch die Tätigkeit und Exklusivität nationaler Geheimdienste würde konterkariert. In Deutschland wird den USA in Bad Aibling eigenes Territorium zur ausschließlichen Nutzung für Satellitenempfang zur Verfügung gestellt. Wie man hört, schauen deutsche Geheimdienst-Mitarbeiter dabei den Kollegen über die Schulter. Offizielle Berichte darüber existieren allerdings nicht. Das Europäische Parlament fordert deshalb hier Verhandlungen und Koordination mit den ECHELON-Staaten sowie einen verstärkten Selbstschutz z. B. durch Verschlüsselung (Kryptografie). Eine weitere wichtige Frage lautet: Sind EU-Bürger gegenüber Geheimdienst-Tätigkeiten ausreichend geschützt? In Deutschland ist eine zufrieden stellende Kontrolle verwirklicht.

Eine solche umfassende Kontrolle der Geheimdienste bildet allerdings in den Mitgliedstaaten der EU die Ausnahme. Wie Berichte des EU-Parlamentes feststellen, erscheint die Situation für den europäischen Bürger wenig zufrieden stellend. Die Befugnisse der Geheimdienste im Bereich der Telekommunikationsüberwachung sind in ihrer Reichweite sehr unterschiedlich, das Gleiche gilt für die Kontrollausschüsse. Nicht alle Mitgliedstaaten, die einen Nachrichtendienst betreiben, verfügen über unabhängige parlamentarische Kontrollgremien, die mit den entsprechenden Kontrollbefugnissen ausgestattet sind. Von einem einheitlichen Schutzniveau ist man weit entfernt. Darüber hinaus wird sich die Frage des Schutzes des europäischen Bürgers im Rahmen einer gemeinsamen Sicherheitspolitik neu stellen, da eine Zusammenarbeit der Nachrichtendienste der Mitgliedstaaten dann problematisch ist. Hier sind dann die europäischen Institutionen gefordert, ausreichende Schutzbestimmungen zu erlassen.

Neu im Überwachungskanon: die Biometrie

Ein weiteres wirksames Mittel, in den Besitz von Informationen zu gelangen, wird heute von Regierungen und Geheimdiensten in der Biometrie gesehen. Es handelt sich dabei um die automatische Identifizierung durch die digitale Erfassung und Vermessung von Körper- oder Verhaltensmerkmalen, die bei jeder Person anders ausgebildet sind. Um biometrisch genutzt werden zu können, müssten Merkmale des Menschen – ob physiologische (passive) oder verhaltensabhängige (aktive) – universell, einzigartig, beständig und (technisch) erfassbar sein. Der Einsatz biometrischer Identifikationssysteme erfolgte bis vor einigen Jahren im öffentlichen Bereich fast ausschließlich zu Sicherheitszwecken, bevor nach und nach weitere Anwendungsfelder in Unternehmen und Behörden erschlossen wurden. Bisherige und absehbare Einsatzfelder sind die Benutzerzugangssicherung, Personenidentifikation, Gerätezugangskontrolle, elektronischer Zugang zu Dienstleistungen (E-Banking und E-Commerce) sowie »Convenience-Bereiche«.

Aber es gibt noch andere Verwendungsmöglichkeiten: in Sicherheitsbehörden wie z. B. der Polizei und den Geheimdiensten. Hier werden solche Methoden immer beliebter. Die wichtigsten Techniken sind nach *Becker u. a.* (2003) und dem Deutschen Bundestag (2002):

TECHNIKEN FÜR PHYSIOLOGISCHE MERKMALE
(ZIELPERSON PASSIV)

- *Gesichtserkennung:* Geprüft werden typische geometrische Merkmale des Gesichts. Es wird eine bestimmte Anzahl von Punkten im Computer an markanten Stellen im Gesicht wie Augen, Nase, Mund, Kinn, Stirn, Ohren angebracht, um z. B. die Abstände zwischen beiden Augen, Länge und Form der Nase, Aussehen der Ohren (bei jedem Menschen unterschiedlich) und die Abstände der Punkte untereinander zu vermessen. Stimmen bei einer weiteren Überprüfung (z. B. dem Foto einer Überwachungskamera) die Vermessungsdaten mit den im Computer gespeicherten Referenzdaten überein, ist die Person mit hoher Wahrscheinlichkeit identisch. Man könnte also z. B. das Bewegungsprofil eines Extremisten nachvollziehen und seine Straftaten beweisen, wenn entsprechende Bilder aus öffentlicher Überwachung (Marktplätze, Kaufhäuser, Flughäfen, Bahnstationen etc.) und geheimer Überwachung vorliegen. Diese biometrische Technik wurde auch in einem ZDF-Auslandsjournal-Bericht im Herbst 2002 vom Journalisten *Ulrich Tilgner* gezeigt, um damit zu beweisen, dass *Saddam* Doppelgänger hatte und welcher »*Saddam*« der echte war.

- *Iriserkennung:* Geprüft und verglichen wird das Muster des Gewebes um die Pupille. Die Oberfläche der Iris setzt sich aus einem Kranz, Vertiefungen, Fäden, Flecken, Gruben, ringförmig angeordneten Rillen und Wellen zusammen, die in unendlich vielen Variationen erscheinen und kombiniert sind. Iris-Scanning gilt als besonders genaue Identifizierungstechnologie, da sich die Eigenschaften der Iris im Leben eines Menschen nicht verändern. Außerdem ist es ein schnelles Verfahren, das nicht länger als ein bis zwei Sekunden dauert.

- *Fingerabdruckerkennung:* Die Einzigartigkeit eines Fingerabdruckes kann durch Analyse winziger Merkmale wie Rillenabstände und Verzweigungen definiert werden. Die Wahrscheinlichkeit, dass zwei Individuen den gleichen Fingerabdruck haben, wird auf weniger als eins zu einer Milliarde geschätzt.

- *Handerkennung:* Bei der Handerkennung wird ein dreidimensionales Bild der Hand erstellt und mit einem entsprechenden gespeicherten Bild verglichen. Geprüft wird die Handgeometrie anhand der Länge, Dicke und Abstand der Finger, dem Profil der Hand sowie eventuell Venenmuster. Die dazu nötigen Geräte sind in der Lage, umfassende Identifizierungsvorgänge in kürzester Zeit durchzuführen.
- *Retinaerkennung:* Geprüft und verglichen wird hierbei das Muster der Blutgefäße im Augenhintergrund, das ebenfalls einzigartig für jeden Menschen ist.

TECHNIKEN FÜR VERHALTENSABHÄNGIGE MERKMALE
(ZIELPERSON AKTIV)

- *Stimmerkennung:* Hier werden die Tonvibrationen in der Stimme einer Person gemessen und mit bestehenden Mustern verglichen. Diese Methode kann bei der Telefonüberwachung angewendet werden, hat aber einen Schwachpunkt: die Empfindlichkeit gegen Interferenzen und Hintergrundgeräusche.
- *Unterschrift (Schreibdynamik):* Schriftbild und Schriftzug, Geschwindigkeit, Druck und Beschleunigung werden geprüft.
- *Handschrift (Schriftsemantik):* wie Unterschrift, plus Syntax des Schriftbildes.

Biometrische Technologien werden zu Identifizierungszwecken verwendet, sind aber auch ein wichtiger Beitrag zur Überwachung. Das wiederum macht sie für Geheimdienste attraktiv. So können nicht nur Personen identifiziert (Gesichtsprüfung von Fotos und Videos) und daraus Bewegungsprofile erstellt werden. Ebenso denkbar sind Manipulationstechniken für eigene Agenten (Umgehung von Sicherungssystemen) oder (in ferner Zukunft?) Identitäten von Zielpersonen anzunehmen durch positive Identifizierung nach Manipulation. Schon heute werden in der Kombination von

Tab. 3: Vor- und Nachteile biometrischer Techniken

Merkmal	Vorteile	Nachteile
Gesicht	Berührungslos, Standardgeräte verwendbar, teils kompatibel zu Papierdokumenten, kontinuierliche Kontrolle möglich	Unbeständig bei Alterung, empfindlich gegenüber Licht- und Temperaturveränderungen
Iris/Retina	Einzigartig, beständig, berührungslos, sehr überwindungsresistent	Störung durch Kontaktlinsen und Astigmatismus, Positionierung nötig, teuer
Fingerabdruck	Einzigartig, beständig, einfache Bedienung, preisgünstig, recht überwindungsresistent	Abhängig von Hautzustand, Positionierung nötig, Lebenderkennung fehlt
Handgeometrie	Unabhängig von Hautzustand, niedrige Fehlerrate, einfache Bedienung, schnell	Nicht sehr charakteristisch, beständig nur bei Erwachsenen, Lebenderkennung fehlt, teuer
Stimme	Ortsunabhängig, einfache Bedienung, Standardgeräte verwendbar, Nutzersteuerung möglich	Nicht sehr charakteristisch, unbeständig (Alterung), störungsanfällig (Krankheit), zeitaufwändig, leicht überwindbar
Unter-/ Handschrift	Handschrift an konventionelle Systeme anschließbar, akzeptiert, da vertraut	Nicht sehr charakteristisch, unbeständig, zeitaufwändig

Quelle: Deutscher Bundestag (2002), S. 21.

Kamerasystemen und Datenbanken der Sicherheitsbehörden öffentliche Plätze überwacht und einzelne Personen herausgefiltert. Diese Kombination ist z. B. in Großbritannien im Einsatz, wo der Londoner Stadtteil Newham bereits flächendeckend mit Kameraüberwachung ausgestattet ist. Es bleibt abzuwarten, in welcher Intensität die Biometrie Einzug in das Geheimdienst-Repertoire hält, da ihre Anwendung auch rechtlich nicht unproblematisch ist. Für die zivile Nutzung gibt es indessen konkrete Nutzungspläne für biometrisch gewonnene Daten, etwa in Personalausweisen und anderen Dokumenten (in den USA und Staaten der EU). Auch Deutschland prüft die Einführung solcher Ausweisdokumente.

Wirtschaftsspionage

Weltweit setzen zahlreiche Staaten ihre Dienste permanent auf ausländische Unternehmen an, vor allem auf deren Patente, Geschäfts- und Betriebsgeheimnisse. Computer, Telefone und Faxgeräte interessierender Firmen werden »angezapft« oder Agenten werden geschickt. Diese Entwicklung hat bewirkt, dass dem Thema »Wirtschaftsspionage« mittlerweile größere Aufmerksamkeit zuteil wird und dass die Problematik auch politisch aufgegriffen wird.

Bei der Wirtschaftsspionage spielt das wirtschaftliche und soziale Gefälle im internationalen Vergleich eine große Rolle. Heute entscheidet nicht mehr der Besitz von Rohstoffen allein über den Erfolg einer Volkswirtschaft. Ausschlaggebend sind vor allem Informationen wie technologisches und betriebswirtschaftliches Know-how. Daraus leitet sich das Interesse nationaler Volkswirtschaften ab, die auch unter Einsatz der Nachrichtendienste verfolgt werden. Die Grenzen zwischen staatlich gelenkter Ausforschung und privater Informationsgewinnung sind dabei mitunter fließend, so dass es für ein betroffenes Unternehmen nicht immer einfach ist, erkannte Ausspähungsaktivitäten zweifelsfrei der einen oder der anderen Seite zuzuordnen.

Schwerpunkte und Methoden der Wirtschaftsspionage

Die geheimdienstliche Informationsbeschaffung findet in erster Linie im Bereich von Querschnittstechnologien mit »dualer« Verwendungsmöglichkeit statt. Das sind zum Beispiel: Biotechnologie, Gentechnologie, Medizintechnik, Umwelttechnik, Hochleistungscomputer, Software, Optoelektronik, Bild-, Sensor- und Signaltechnik, Datenspeicher, technische Keramik, Hochleistungslegierungen, Nanotechnologie, Luft- und Raumfahrttechnologie, Verkehrstechnik sowie Mess- und Steuertechnik.

Die Wirtschaftsspionage ist nicht an ein bestimmtes Medium gebunden. Geeignet zur Beschaffung sind z. B. Schriftstücke (Entwürfe, Handnotizen, Fotokopien), Zeichnungen, Lichtbildmaterial, Magnetspeicher, elektrische Signale, Modelle, Warenmuster, Geräte, technische Einrichtungen und Informationen, die mündlich ausgetauscht werden. Daher beschränkt sich das Ausforschungsinteresse nicht nur auf die Beschaffung fertiger Endprodukte, sondern betrifft Ideen genauso wie die Forschung, Entwicklung, Herstellung und Marktstrategien, umfasst also grundsätzlich den gesamten Zyklus eines Produktes. Im Mittelpunkt der Spionage stehen aber die Bereiche »Entwicklung« und »Produktion«.

Die Auftraggeber bei Spionagefällen gegen Unternehmen sind zu 39 % Konkurrenten, zu 19 % Kunden, zu 9 % Zulieferer und zu 7 % Geheimdienste. Spioniert wird von eigenen Mitarbeitern, privaten Spionagefirmen, bezahlten Hackern und Profis der Geheimdienste. Die Methoden der Informationsgewinnung umfassen grundsätzlich das gesamte Geheimdienst-Repertoire und -Personal, darunter Agenten aus Residenturen, Wirtschaftsjournalisten, Praktikanten, technischer Informationsgewinnung etc. Darin gibt es speziell für die Wirtschaftsspionage einige Besonderheiten:

1 AUSWERTUNG OFFENER QUELLEN:
- systematische Auswertung wissenschaftlicher Forschungsberichte, von Diplomarbeiten, Fachliteratur, Werkszeitungen, Handbüchern, Dokumentationen, Patent- und Lizenzunterlagen sowie Werbe- und Informationsmaterial
- Inanspruchnahme von Datenbanken und Bibliotheken
- gesellschaftliche Kontakte

2 GESPRÄCHSABSCHÖPFUNG
- durch Abschöpfung »gutgläubiger« Gesprächspartner
- durch sorglose Kontakte bei Messen, Ausstellungen, Kongressen, Symposien, Seminaren und Betriebsbesichtigungen

- durch Unvorsichtigkeit bei Fachgesprächen auf Grund von Stolz auf die eigene Leistung oder menschlicher Eitelkeit

3 Teilnahme am Wirtschaftsleben
- Ankauf von Firmen und Gründung von Gemeinschaftsunternehmen (Joint Ventures), Gründung von Tarnfirmen
- Einholung von Angeboten, Ankauf oder Analyse von Produkten
- Inanspruchnahme von Serviceleistungen
- Abtarnung von Agenten in eigenen Unternehmen und Joint Ventures

4 Nutzung moderner Informationstechnik: Computerspionage
Die schnelle Zunahme des elektronischen bzw. multimedialen Datenaustausches in Entwicklung, Produktion und Forschung eröffnet schwer kontrollierbare Zugangs- und Zugriffsmöglichkeiten auch von unberechtigten Nutzern. Für Wirtschaftsspione ist es attraktiv, sich auf Knopfdruck fertig aufbereitetes Know-how zu beschaffen. Mittlerweile stellt der EDV-Bereich mit seinen globalen Datennetzen die umfassendste Informationsquelle für Wirtschaftsspione dar, bei denen es sich zu 80 % um »Innentäter« (aus dem Unternehmen heraus) handelt.

5 Agenten im Unternehmen (»Quelle im Objekt«)
Innentäter stellen die größte Gefahr für die Sicherheitsinteressen eines Unternehmens dar. Die eigenen Mitarbeiter sind auf Grund ihrer legalen Zugangsmöglichkeiten und ihres Insider-Wissens in der Lage, mehr Vertrauliches zu verraten, als externe Agenten fremder Nachrichtendienste je herausfinden könnten. Die Dienste unternehmen daher große Anstrengungen, hoch qualifizierte Fachleute für geheimdienstliche Zwecke anzuwerben. Die wirtschaftlichen Entwicklungen, verbunden mit der Schwächung von Loyalitäten gegenüber dem

Arbeitgeber, verleiten Unternehmensangehörige häufiger als früher, sich von einem Nachrichtendienst als Wirtschaftsspion anwerben zu lassen.

Wer betreibt Wirtschaftsspionage?

Die Antwort lautet: alle Geheimdienste. Nach 1990 sind geheimdienstliche Kapazitäten frei geworden, die jetzt auf anderen Gebieten eingesetzt werden. Die USA erklären offen, dass ein Teil ihrer geheimdienstlichen Tätigkeiten auch die Wirtschaft berührt. Doch auch die Geheimdienste anderer Staaten haben diesen Bereich längst für sich entdeckt. Hoch entwickelte Industriestaaten können durchaus von Wirtschaftsspionage profitieren. Durch Ausspähung des Entwicklungsstandes einer Branche können eigene außenwirtschaftliche und subventionspolitische Maßnahmen veranlasst werden, die entweder die eigene Industrie konkurrenzfähiger machen oder Subventionen sparen. Ein weiterer Schwerpunkt besteht in der Beschaffung von Details bei Aufträgen mit hohem Auftragswert. Im Falle technisch weniger fortgeschrittener Staaten geht es um die Beschaffung von technischem Know-how, um den Rückstand der eigenen Industrie ohne Entwicklungskosten und Lizenzgebühren aufzuholen. Darüber hinaus geht es um die Beschaffung von Produktvorlagen und Fertigungstechniken, um mit kostengünstiger gefertigten Nachbauten auf dem Weltmarkt wettbewerbsfähig zu sein. Den russischen Geheimdiensten sind nach Berichten solche Aufgaben zugewiesen worden.

Eng verknüpft mit der Thematik staatlich gelenkter Wirtschaftsspionage ist die Beschaffung strategisch bedeutsamer Technologie oder von Waren, die zum Bau atomarer, biologischer oder chemischer Massenvernichtungswaffen verwendet werden können, unter Umgehung nationaler und internationaler Exportverbote. Solche häufig nur durch Geheimdienste oder deren konspirativ arbeitende Tarnorganisationen denkbaren Aktivitäten gehen vor allem von »Krisenländern« aus.

Offiziell wird in den Publikationen des deutschen Inlandsgeheimdienstes (z. B. Verfassungsschutzberichte, Broschüren) auf die Spionagetätigkeit insbesondere russischer Geheimdienste, aber auch chinesischer, iranischer und anderer hingewiesen. Was fehlt, ist die Wirtschaftsspionage westlicher Geheimdienste. Dazu heißt es in der BfV-Broschüre *Spionageziel Wirtschaft* (2002, S. 14) lapidar: »Meldungen und Berichte in den Medien sowie Äußerungen von Politikern gehen davon aus, dass auch westliche Länder Wirtschaftsspionage betreiben. Belege für eine Wirtschaftsspionage westlicher Dienste liegen bisher nicht vor. Weder in den Verfassungsschutzgesetzen des Bundes und der Länder noch in den Strafvorschriften wegen Spionage wird nach der Himmelsrichtung unterschieden, aus der diese Aktivitäten erfolgen.« Die Abwehrbehörden sprechen daher auch von dem ihnen eigenen »360°-Blick«. Dass Belege für Spionage westlicher Geheimdienste nicht vorliegen, ist falsch. Wenn man intern den »360°-Blick« und das entsprechende Wissen hat, wovon auszugehen ist, teilt man es allenfalls aus politischer Opportunität nicht mit.

Tatsache ist: Besonders ECHELON spielt in der Wirtschaftsspionage eine Rolle. Inoffiziell ist man längst zu der Analyse gekommen: Europäische Unternehmen werden von den USA bei Großaufträgen gezielt abgehört. Die USA argumentierten, dass dies getan werde, um Bestechungsmanöver durch europäische Firmen zu verhindern. Jahrelang wurde gerätselt, warum europäische Firmen Aufträge an US-Firmen verloren haben. Dann veröffentlichte das *Wall Street Journal Europe* am 22.03.2000 einen Gastkommentar von *James Woolsey*, dem ehemaligen CIA-Direktor, in dem er lapidar erklärte: »Ja, liebe Freunde, wir haben euch ausgehorcht.« Bereits 1999 sagte *Harald Woll*, damals Leiter der Spionageabwehr des baden-württembergischen Verfassungsschutzes, im *Deutschlandfunk* (22.11.1999): »Insgesamt muss man davon ausgehen, dass ECHELON mittlerweile auch ganz gezielt zur Überwachung der multimedialen Kommunikation westeuropäischer Unternehmen eingesetzt wird – beispielsweise um Hinweise auf Verhandlungspositionen oder Produktentwicklungen zu erhalten.« Keine Belege? Hier eine Auswahl einiger Fälle:

Tab. 4: Ausgewählte Fälle von Wirtschaftsspionage und ihre Folgen

Wer	Was	Wie	Ziel	Folgen
DGSE bis 1994	Gespräche reisender Geschäftsleute bei Air France	In den 1.-Klasse-Kabinen wurden Wanzen entdeckt	Informations-beschaffung	nicht bekannt
NSA 1994	Informationen über Flugzeug-geschäft zwischen Airbus und saudi-arabischer Fluglinie	Abhören von Faxen und Telefonaten zwischen den Verhandlungs-partnern	Info-Weitergabe an US-Firmen Boeing und McDonnell-Douglas	Amerikaner schließen 6-Mrd.-Dollar-Geschäft ab
CIA 1997	Informationen über High-Tech-Produkte im Bundeswirtschafts-ministerium (D)	Einsatz eines Agenten	Informations-beschaffung	Agent wird enttarnt und ausgewiesen
Russische Dienste 1996–1999	Verkauf und Weitergabe rüstungstechno-logischer Unter-lagen eines Münchener Wehrtechnik-unternehmens	Zwei Deutsche im Auftrag	Informations-beschaffung über Lenkflug-körper und Waffensysteme	Verrat unter Militärgesichts-punkten nicht schwerwiegend
NSA 1993	Videokonferenz zwischen VW-Vorstand José Ignacio López (früher General Motors) und VW-Chef Ferdinand Piëch	Mitschnitt der Videokonferenz und deren Weitergabe an General Motors	Schutz der amerikanischen GM-Betriebs-geheimnisse (Preislisten etc.), die Lopez weitergeben wollte	Lopez fliegt auf, Straf-verfahren wird 1998 gegen Geldbuße eingestellt
NSA	Andere Video-konferenz zwischen Lopez und VW	Abhören von Bad Aibling aus (ECHELON)	Informations-weitergabe an General Motors und Opel	Sehr genaue Hinweise für staatsanwalt-liche Ermitt-lungen
DGSE 1993	Auftrag über Hochgeschwin-digkeitszüge nach Südkorea, hier Kostenkalku-lationen von Siemens	»Nachrichten-dienstliche Mittel«	Preisunter-bietung	Der ICE-Her-steller verliert den Auftrag zugunsten von Alcatel-Alsthom (TGV)

Quelle: Europäisches Parlament (2001), S. 92 ff.

Längst setzen alle Staaten um nationaler Vorteile willen Wirtschaftsspionage durch Geheimdienste ein. Darin unterscheiden sich die »Freunde« im Westen nicht von unseren ehemaligen »Feinden« im Osten. Die USA gehen davon aus, dass Geheimdienste aus über 23 Ländern regelmäßig ihre Wirtschaft ausspionieren, darunter alle wichtigen europäischen. Aber die USA sind in diesem Gewerbe international führend. Wieder gibt sich der ehemalige CIA-Chef *Woolsey* ganz offen. In einer Rede vor dem »Center for Strategic and International Studies« sagt er bereits im Juli 1994: »Ich lächle manchmal, wenn ich in der Zeitung lese, dass Unternehmen sagen, sie wollen keine Hilfe von den Geheimdiensten. Manchen von denen haben wir schon richtig große Aufträge gerettet.« Stimmt, wenn man sich die Fälle anschaut. Und so wie nationale Geheimdienste in staatlichem Auftrag in fremden Wirtschaftsrevieren wildern, wie der *Deutschlandfunk* (22.11.1999) weiter feststellt, gehen die gleichen Auftraggeber wie selbstverständlich davon aus, dass die Dienste anderer befreundeter und nicht befreundeter Staaten auf ihrem Hoheitsgebiet dasselbe versuchen. Also ergreifen sie Gegenmaßnahmen, die *Werner Britsch*, Leiter der Unternehmenssicherheit im deutsch-amerikanischen *Daimler-Chrysler*-Konzern, im Hinblick auf die Vereinigten Staaten 1999 so beschrieb: »Die USA messen dem Thema Ausspähung der Wirtschaft eine weitaus größere Bedeutung zu, als wir es tun. Ausdruck dessen ist auch, dass sie ein spezielles Gesetz geschaffen haben – nämlich das ›Economic Espionage Act‹ von 1996 – ein spezielles Gesetz gegen Wirtschaftsspionage mit – für unsere Vorstellungen – drastischen Strafandrohungen und mit einem sehr weiten Geheimnisbegriff beim ›Diebstahl von Handelsgeheimnissen‹.« Der Bundesnachrichtendienst (BND) schrieb bereits 1991 in einem vertraulichen Papier, dass die amerikanischen Nachrichtendienste verstärkt Wirtschaftsspionage betrieben und so zur wirtschaftlichen Sicherheit der USA beitrügen.

Die Betroffenen wissen zumeist, wer ihre wahren Konkurrenten sind. So stellt das Unternehmen *Siemens* in einer vertraulichen Unterlage (»Informationssicherheit – Beispiele Wirtschaftsspionage«; *Spiegel Online*) fest, der Konzern habe einen Milliardenauftrag für die Lieferung von ICE-Zügen nach Südkorea nicht erhalten (Tab. 4), weil man durch den französischen Geheimdienst ausspioniert worden sei. Das französische Konkurrenzunternehmen habe daraufhin das Angebot unterboten. Die deutschen Geheimdienste wissen im Allgemeinen sehr gut über Wirtschaftsspionage anderer Staaten Bescheid, geben ihr Wissen und gerichtsverwertbares Material jedoch nicht an Unternehmen weiter. Die Unternehmen haben somit kaum etwas in der Hand. Obwohl alle deutschen Regierungen es immer bestritten haben, hält sich das Gerücht, dass hohe politische Entscheidungsträger die Weitergabe von relevanten Informationen an die Wirtschaft untersagt haben – aus Rücksicht auf befreundete Staaten.

Deshalb ist die Frage angebracht, warum in den offiziellen Publikationen z. B. des deutschen Inlandsgeheimdienstes BfV im Bereich der Geheimdienst-Aktivitäten immer nur auf das alte Feindbild »Russland / Osteuropa« zurückgegriffen wird. Die einschlägigen Ratschläge an die Unternehmen, »mehr Problembewusstsein« zu entwickeln und Aufmerksamkeit zu üben, wirken nicht sehr überzeugend. Warum fordert man keine energischere Spionageabwehr? Warum gibt es keine Gerichte, die auf ihrem Territorium Handelsverbote verhängen, wie in den USA?

Das offizielle Zögern resultiert womöglich daraus, dass regelmäßig falsche Information im Hinblick auf die Spionageaktivitäten befreundeter Staaten verbreitet wird. Erst Anfang April 2003 haben der heutige Chef der CIA, *George Tenet*, sowie der Direktor der NSA, *Michael Hayden*, die Wirtschaftsspionage-Aktivitäten ihrer Geheimdienste geleugnet: »Bei allem Respekt, das ist falsch. Wem würden wir helfen? Den großen Firmen? Dem kleinen Mann? Allen? Wir wären doch auch unfair gegenüber US-Unternehmen, wenn wir den einen unterstützen würden und die anderen nicht.« Allgemein bekannt ist: Gerade in den USA ist die Zusammenarbeit zwischen Regierungsbehörden und Unternehmen üblich, sind restriktive rechtliche Rahmenwerke, das Interesse der nationalen Geheimdienste an Wirtschaftsinformationen, »Business Intelligence« und die Anwendung des Patentrechts als Waffe sehr ausgeprägt. Prof. *Wolfgang Dreger* bringt das Problem Wirtschaftsspionage besser auf den Punkt als *Tenet* und *Hayden*: »Die globalisierte Wirtschaft ist kein Mädchenpensionat. Wettbewerber sind keine Partner, sondern Gegner, die miteinander um günstige Beschaffungsquellen und Absatzmärkte kämpfen. Der Markt ist kein sportlicher Wettkampf, sondern ein Gefechtsfeld, auf dem unfaire Attacken, Tarnen und Täuschen zum Alltagsgeschehen gehören. Zudem sind in vielen anderen Ländern die Geheimdienste längst Partner der Wirtschaft geworden. Man mag das beklagen, aber es ist Realität.« (Quelle: Broschüre *Know-how-Schutz der M-Security-Services*, Fürstenfeldbruck)

Man sollte sich generell die Frage stellen, ob das Verhältnis zwischen Staat und Wirtschaft in Deutschland auf dem Gebiet der Spionageabwehr so gestaltet ist, dass es (angesichts der professionellen Zusammenarbeit von Wirtschaft und Geheimdiensten in anderen Ländern) den deutschen Unternehmen große Nachteile bereitet. Dabei könnte der BND durchaus international auch auf wirtschaftlichem Gebiet aktiv sein. An der fehlenden Kompetenz dürfte es den deutschen Geheimdiensten nicht mangeln. Eher scheint es Kommunikationsprobleme dieser Einrichtung und der Wirtschaft zu geben.

Eine windige Sache:
Enercon (D) vs. Kenetech Windpower (US)

Ein Paradefall: 1994 belauscht die NSA die Enercon GmbH aus Aurich, den damals weltweit größten Hersteller von Windenergieanlagen, und spielt die Ergebnisse über die technisch fortschrittliche Windmühle E-40 dem amerikanischen Konkurrenten zu. Die deutschen Medien berichteten ausführlich über den Fall (vgl. ARD-Magazin *PlusMinus* 14.04.1998, *Die Zeit* 40/1999 und Udo Ulfkotte, *Marktplatz der Diebe*).

Enercon hatte eine neue Technik entwickelt, mit der Strom aus Wind viel preiswerter erzeugt werden kann als bei der Konkurrenz. 1994 wollte Enercon auch auf dem US-Markt Fuß fassen.

Die Firma verhandelte mit zwei amerikanischen Interessenten, die ihre Windparks in Texas mit der neuen Enercon-Anlage E-40 (500 kW) bestücken wollten. Doch statt eines Millionenauftrags bekam die Enercon-Leitung Anfang 1995 zwei unangenehme Briefe zugestellt – einen vom Distriktgericht im kalifornischen San José, den anderen von der Verwaltungsbehörde des US-Handelsministeriums in Washington, D. C. In beiden wurde das ostfriesische Unternehmen einer Patentverletzung bezichtigt.

Hinter den Verfahren steckte die amerikanische Konkurrenzfirma *Kenetech Windpower Inc.* aus dem kalifornischen Livermore, die sich damit einen unliebsamen Wettbewerber vom Leibe halten wollte. Der Enercon-Geschäftsführer *Aloys Wobben* wurde vorgeladen und zwei Wochen lang in Washington vernommen. Dann bekamen *Wobben* und seine amerikanischen Anwälte das Beweismaterial der Gegenseite zu Gesicht. Die NSA hatte Enercon bereits seit Ende der 1980er Jahre ausspioniert und Informationen an die *Kenetech Windpower* weitergegeben. Die behauptete dann, die Technik sei von ihr erfunden worden, und meldete sie zum Patent an. Enercon konnte sich nicht vorstellen, einmal Opfer einer gezielten Spionageaktion zu werden. Daher wurde nach erfolgter Entwicklung der Anlage E-40 schlicht versäumt, das Patent für die eigene Entwicklung zu sichern. Am 01.02.1991 reichte die Firma *Kenetech Windpower* beim U.S. Patent Office eine Patentanmeldung mit 138 Ansprüchen ein, deren Schwerpunkt sich auf drehzahlvariable Windenergieanlagen erstreckte. Es ging exakt um den Typ Windkraftanlage mit 300 Kilowatt Leistung, wie er von Enercon im Emsland als Vorgänger der E-40 bereits gebaut wurde.

Das »Beweismaterial« zeigte die Vorgehensweise der NSA und glich einem Agenten-Thriller. Der Journalist *Oliver Schröm* schreibt ihn so: Im Jahre 1993, als Enercon mit der Serienproduktion der E-40 begann, beschloss *Kenetech Windpower* respektive die NSA das neueste Produkt der Auricher Gesellschaft genau zu betrachten. Neben einer Vielzahl von Fotos, die das komplette Innenleben der E-40 zeigten, befand sich auch ein achtseitiger Bericht der Agentin und vorgeblichen *Kenetech*-Mitarbeiterin *Ruth Heffernan*. Darin schilderte sie detailliert, wie sie zusammen mit ihrem holländischen *Kenetech*-Kollegen *Robert »Bob« Jans* und dem Oldenburger Techniker *Ubbo de Witt* (ehemaliger Mitarbeiter des Wilhelmshavener »Deutschen Windenergie-Instituts«, DEWI) die *Enercon* -Anlage ausspionierte. Das Spionagetrio ging in die Bodenstation, setzte das Sicherheitssystem außer Kraft und rief, nachdem ein Code eingegeben wurde, Displays ab. Dann stellten sie die Maschine ab. Die 40 Meter großen Rotorblätter kamen zum Stehen. Jetzt erst wagten die drei den Aufstieg zur Kabine an der Spitze des Windrades, dort, wo sich das Herzstück der E-40 befand. *Heffernan*: »An der Außenwand des Turms kletterte ich auf einer schmalen Leiter 42 Meter hoch. Wir verbrachten über 60 Minuten da oben, redeten über die Maschine und machten Fotos.«

Doch wie hatten *Heffernan, Jans* und *de Witt* an jenem Tag die Computercodes geknackt und das Sicherheitssystem lahm gelegt? Es wurde schnell offensichtlich, dass die NSA seit längerem einen Lauschangriff auf *Enercon* verübt hatte. So waren Firmenkonferenzen über die Telefonleitungen abgehört, Sicherheitscodes und geheime Forschungsunterlagen abgefangen und *Kenetech* zugespielt worden.

Gibt es vor den US-Gerichten Gerechtigkeit? Nein, aber durch den Markt. Der *Kenetech Windpower Inc.* konnte letztlich nicht einmal die NSA helfen. Das Unternehmen musste Konkurs anmelden, die Projekt- und Patentrechte erwarb eine Tochterfirma des in Dallas ansässigen Erdgasmultis Enron. Aber einen Tag nachdem *Kenetech* das Konkursverfahren einleiten musste, wurde in Washington das Urteil im Patentschutzverfahren gegen *Enercon* verkündet: Wegen der Gefahr einer Patentverletzung verhängten die Richter ein generelles Importverbot für *Enercon*, gültig bis zum Jahr 2010. *Enercon* erlitt Umsatzeinbußen im hohen zweistelligen Millionen-Bereich (Euro). Ohne den Datenklau hätte *Enercon* 300 neue Arbeitsplätze schaffen können. Es gelang dem mittelständischen Unternehmen nur auf Grund einer starken Substanz, die US-Spionageattacke zu überleben.

Die deutschen Geheimdienste

Die drei deutschen Geheimdienste sind der BND (zuständig für das Ausland), das BfV (für die Tätigkeit im Inland) und der MAD (Bundeswehr). Daneben gibt es weitere Behörden, die sich teilweise geheimdienstlicher Mittel bedienen. Dazu gehört auch die Polizei. Geheimdienstliche Tätigkeiten finden, um wirksam zu sein, unter Ausschluss der Öffentlichkeit statt. Um den Missbrauch der verdeckten Aktivitäten zu verhindern, hat der Gesetzgeber umfangreiche Kontrollmechanismen eingeführt.

Das Trennungsgebot als deutsche Errungenschaft

In Deutschland existiert ein »Trennungsgebot« zwischen Geheimdiensten und Polizeibehörden (insbesondere den Staatsschutzabteilungen der Bundes- und Landespolizeien). Anders als die deutschen Geheimdienste hat die deutsche Polizei zur Erfüllung ihrer Aufgaben, der Verfolgung von Straftaten und der Abwehr von Gefahren, so genannte Zwangsbefugnisse. So darf sie z.B. Personen festnehmen, durchsuchen, vorladen, vernehmen, erkennungsdienstlich behandeln, Wohnungen durchsuchen und Gegenstände beschlagnahmen. Deutsche Geheimdienste haben solche Befugnisse nicht. Das Trennungsgebot verbietet die Angliederung von Geheimdiensten an Polizeidienststellen und untersagt ihnen den Gebrauch polizeilicher Zwangsmittel. Anders als die Polizei, die als Strafverfolgungsbehörde dem Legalitätsprinzip unterliegt, also Straftaten verfolgen muss, arbeiten deutsche Geheimdienste nach dem Opportunitätsprinzip. Das bedeutet, dass die Geheimdienste nicht verpflichtet sind, jede Straftat zu verfolgen, und daher bei der Weiterleitung strafrechtlich relevanter Sachverhalte an die Polizei einen Ermessensspielraum besitzen.

Eine Tendenz zur »Vergeheimdienstlichung« der Polizei ist aber deutlich erkennbar. Das Trennungsgebot wurde durch die Legalisierung nachrichtendienstlicher Mittel für die Polizei und erweiterten Möglichkeiten des Informationsaustausches mit den Geheimdiensten teilweise verwischt. Ein Schlüsselbegriff ist hier die »vorbeugende Bekämpfung von Straftaten«, bei der die Tätigkeiten der Strafverfolgung und die Abwehr von Gefahren durch die Polizei zusammengefasst sind. Was verbirgt sich dahinter? Bei der »vorbeugenden Bekämpfung von Straftaten« muss weder der Verdacht einer Straftat noch eine polizeiliche Gefahr vorliegen. Daraus ergibt sich ein Dilemma: Denn bei den möglichen »Vorfeldermittlungen«, die auf dieser Grundlage möglich sind, ergibt sich das Problem, dass nicht von vornherein bestimmt werden kann, ob ein Anlass zum Tätigwerden vorliegt.

Mit der Ausweitung des Beobachtungsraumes einher geht der zunehmende Einsatz verdeckter Ermittlungsmethoden: Der Polizei steht heute ein großes Instrumentarium aus dem »Geheimdienst-Bereich« zur Verfügung. Dazu zählen nicht nur verdeckte Ermittler, nicht öffentlich ermittelnde Beamte und V-Leute, sondern auch der Einsatz von Lausch- und Spähmitteln inner- und außerhalb von Wohnungen, das Abhören von Telefonen, Handys und elektronischer Post, die Ortung von elektronischen Sendern, der Einsatz von Videoüberwachung bis hin zur Inanspruchnahme von Luft- oder Satellitenüberwachung im Zuge der »Amtshilfe«.

Der Sinn des Trennungsgebotes ist auch in Deutschland insbesondere angesichts neuer Gefährdungen der inneren Sicherheit immer wieder kontrovers diskutiert worden. Die europäischen und internationalen Partner Deutschlands kennen ein Trennungsgebot nicht.

Die drei deutschen Geheimdienste

DER BUNDESNACHRICHTENDIENST (BND)

Die Aufgabe des Bundesnachrichtendienstes als Geheimdienst bezieht sich auf das Ausland. Hier gibt es zwei große Tätigkeitsbereiche:

- Die *Beschaffung* von politischen und wirtschaftlichen Informationen über das Ausland (Akteure, Strukturen, Entwicklungen,

Know-how), sofern diese von politischer oder wirtschaftlicher Bedeutung für Deutschland sind.

- Die *Auswertung* dieser Informationen zu dem Zweck, Ergebnisse über Entwicklungen im Ausland zur Verfügung zu stellen.

Der BND hält die Regierung auf dem Laufenden über die Entwicklung in anderen Staaten: Wo zeichnen sich Konflikte ab? Wer rüstet gegen wen auf? Wie werden deutsche Exporte verwendet? Werden sie möglicherweise zweckentfremdet? Verdichten sich Anhaltspunkte zur Bedrohung? Gegen wen richtet sich der internationale Terrorismus, die Geldwäsche, der Waffenschmuggel, der Drogenhandel? Die Beantwortung dieser Fragen ist wichtig für Politiker, denn die Bundesrepublik ist als Exportland global engagiert und damit auch schnell von Konflikten und Spannungen betroffen.

Dem Präsidenten des BND unterstehen acht Abteilungen, darunter:

- In der *Abteilung 1 – Operative Aufklärung* geht es um die Gewinnung von geheimen Informationen aus menschlichen Quellen (HUMINT). Es geht um Wissen von Informanten, die im Zielland über gute Kontakte und Zugänge verfügen. Bei der Anwerbung solcher Personen spielen Auslandsdienststellen (Residenturen) des BND eine wichtige Rolle. Technische Informationsgewinnung liefert selten ein umfassendes Bild. Mit Informanten können Krisenentwicklungen und Herausforderungen wie z. B. ethnische und religiöse Konflikte, Instabilitäten, soziale und ökologische Verwerfungen, aber auch neue technologische und medizinische Herausforderungen frühzeitig erkannt werden.
- Die *Abteilung 2 – Technische Beschaffung* betreibt Informationsgewinnung mit technischen Mitteln. Dabei werden Erkenntnisse z. B. durch gezielte Filterung internationaler Kommunikationsströme gewonnen.
- Die *Abteilung 3 – Auswertung* bildet den Ausgangs- und End-

punkt der geheimdienstlichen Arbeitskette. Der Informationsbedarf der Bundesregierung wird hier zunächst in Geheimdienst-Aufträge umgesetzt. Das verdeckt oder offen gewonnene »Material« wird dann zusammengeführt und analysiert. Daraus entsteht ein Lagebild, das an die Bundesregierung und andere Behörden weitergeleitet wird.

- Mit der *Abteilung 5 – Operative Aufklärung / Auswertung organisierte Kriminalität – internationaler Terrorismus* reagiert der BND auf ein gestiegenes Informationsbedürfnis im Hinblick auf den internationalen Terrorismus und die organisierte Kriminalität. Die Abteilung 5 unterhält auch eine internationale Zusammenarbeit mit anderen Geheimdiensten, Sicherheitsbehörden und wissenschaftlichen Einrichtungen.

- Der *Abteilung 6 – Technische Unterstützung* obliegt die Versorgung aller BND-Abteilungen mit einer breiten Palette technischer Dienstleistungen. Um diese Aufgabe angemessen zu erfüllen, muss die Abteilung die technischen Entwicklungen und Innovationen international z. B. auf den Gebieten »Nachrichtentechnik«, »Datenverarbeitung«, »Telekommunikation« oder »chemische und physikalische Forschung« verfolgen. Die zahlreichen DV-Anwendungen werden zum Teil selbst entwickelt und sind Teil der hausinternen Forschung und Entwicklung geheimdienstlicher Techniken.

DAS BUNDESAMT FÜR VERFASSUNGSSCHUTZ (BfV)

Das BfV ist der deutsche Inlandsgeheimdienst. Ihm obliegt unter anderem die Sammlung und Auswertung von Informationen über Bestrebungen, die sich gegen die verfassungsmäßigen Grundlagen der Bundesrepublik richten. Dazu gehört auch die Gewährleistung der Sicherheit der Bundeseinrichtungen und die Verhinderung sicherheitsgefährdender oder geheimdienstlicher Tätigkeiten für eine »fremde Macht«. Das sind z. B. extremistische Aktivitäten von Parteien oder Gruppierungen aus dem In- und Ausland. Zudem versucht der Verfassungsschutz, Spione anderer Staaten zu enttarnen, die in Deutschland operieren.

Neu ist die Ausweitung der Befugnisse auch auf vermutete terroristische Vereinigungen nach dem 11.09.2001 im Zuge des 2. Sicherheitspaketes. Dabei hatten das Bundeskriminalamt (BKA) als Polizei des Bundes sowie die deutschen Geheimdienste erweiterte Befugnisse zur Informationsgewinnung erhalten, um terroristische Bestrebungen besser aufklären und abwehren zu können.

Das BfV gliedert sich in eine Zentral- und sechs Fachabteilungen:

Abteilung I:	zentrale Fachfragen, Berichtswesen, Datenschutz, Observation und nachrichtendienstliche Technik
Abteilung II:	Rechtsextremismus und -terrorismus
Abteilung III:	Linksextremismus und -terrorismus
Abteilung IV:	Spionagebekämpfung, Geheim- und Sabotageschutz
Abteilung V:	sicherheitsgefährdende und extremistische Bestrebungen von in der Bundesrepublik lebenden Ausländern und aus dem Ausland.
Abteilung VI:	islamistischer Extremismus / islamistischer Terrorismus.

Das BfV bedient sich der gesamten Bandbreite nachrichtendienstlicher Mittel und Methoden. Die derzeitigen Beobachtungsfelder entsprechen den Aufgabengebieten der Fachabteilungen. Zusätzlich wird noch die Scientology-Sekte beobachtet. Das BfV arbeitet eng mit den Verfassungsschutzbehörden der Bundesländer zusammen, denn Extremisten kümmert es wenig, ob das Ziel ihrer Aktivitäten im Zuständigkeitsbereich des Bundes oder der Länder liegt.

DER MILITÄRISCHE ABSCHIRMDIENST (MAD)
Der MAD ist Teil der Streitkräfte. Es ist ein Inlandsnachrichtendienst, der innerhalb der Bundeswehr und für diese die Aufgaben

wahrnimmt, die sonst von den »zivilen Inlands-Geheimdiensten« wahrgenommen werden. Er ist mit den gleichen Befugnissen ausgestattet und den gleichen Beschränkungen und Kontrollen unterworfen wie diese. Alles, was die Verfassungsschutzämter für den Bund und die Länder wahrnehmen, übernimmt der MAD für die Bundeswehr.

Der MAD sammelt unter anderem Informationen (Auskünfte, Nachrichten und Unterlagen) über extremistische und sicherheitsgefährdende Bestrebungen sowie geheimdienstliche Tätigkeiten für eine »fremde Macht«, die von Bundeswehrangehörigen ausgehen und gegen die Bundeswehr gerichtet sind. Er wertet Informationen über extremistische und sicherheitsgefährdende Bestrebungen und Spionage gegen die Bundeswehr aus und unterrichtet deren politische und militärische Führung.

Die Kompetenzen des MAD sollen in Zukunft angesichts der verstärkten Auslandseinsätze der Bundeswehr nicht auf Deutschland beschränkt bleiben. Er soll künftig in bestimmten Fällen auch an ausländischen Stationierungsorten deutscher Truppen tätig werden dürfen. Das Bundeskabinett verabschiedete Mitte September 2003 eine Gesetzesänderung, wonach die eigene Informationsgewinnung dem MAD im Ausland innerhalb jener Liegenschaften gestattet wird, »in denen sich Dienststellen und Einrichtungen der Truppe befinden«. Dort darf er geheimdienstlich tätig werden. Zu den Informationsaufgaben zählt z. B. die Sicherheitsüberprüfung von einheimischen Arbeitskräften, die am jeweiligen Standort für die Bundeswehr beschäftigt sind. Außerhalb der Bundeswehrcamps werden Informationen weiterhin durch den BND beschafft. Allerdings bekommt der MAD erweiterte Befugnisse, solche Informationen auszuwerten. Die Auswertung darf sich dann auch auf Personen oder Gruppen erstrecken, die als Bedrohung der im Ausland stationierten Soldaten gelten könnten.

Der MAD gewinnt seine Informationen aus offen zugänglichen Quellen, durch offene Ermittlungen und Befragungen, durch Meldungen aus der Truppe sowie durch Informationsübermittlungen insbesondere durch andere Sicherheitsbehörden. In der Extremismus- und Spionageabwehr beschafft er seine Informationen auch mit nachrichtendienstlichen Mitteln, unterhält aber kein Informantennetz in der Bundeswehr.

Dem Präsidenten des MAD unterstehen sechs Abteilungen (Abt. Truppendienstliche Aufgaben / Verwaltung, Abt. I: Zentrale Fachaufgaben, Abt. II: Extremismusabwehr, Abt. III: Spionageabwehr, Abt. IV: Personeller / Materieller Geheimschutz, Abt. V: Technik). Daneben gibt es 14 MAD-Stellen in Deutschland: Kiel, Hannover, Wilhelmshaven, Düsseldorf, Münster, Mainz, Koblenz, Stuttgart, Karlsruhe, München, Amberg, Leipzig, Geltow und Rostock.

Die drei Nachrichtendienste sind zwar eigenständig arbeitende Behörden, aber jeweils einem Regierungsbereich unterstellt. Der BND untersteht dem Kanzleramt, das BfV untersteht dem Bundesinnenminister. In einigen Bundesländern ist der Verfassungsschutz auch eine Abteilung des jeweiligen Landesinnenministeriums. BfV und die jeweiligen Landeseinrichtungen für Verfassungsschutz stehen gleichrangig nebeneinander. Die Verfassungsschützer des Bundes können den Verfassungsschützern des Landes keine Weisungen erteilen, sondern sind gesetzlich zur Zusammenarbeit verpflichtet. Grundsätzlich stehen regionale extremistische Bestrebungen unter Beobachtung der jeweiligen Landes-Verfassungsschützer. Bei länderübergreifenden Aktivitäten verdächtiger Organisationen kann auch das BfV tätig werden. Für die Aufklärung im Rahmen der Spionageabwehr ist grundsätzlich das BfV zuständig. Der MAD untersteht dem Verteidigungsminister und ist im Bereich der Zentralen Militärischen Dienststellen der Bundeswehr angesiedelt. Ein Staatsminister oder Staatssekretär des Kanzleramtes übernimmt die Aufgabe eines Beauftragten für die Nachrichtendienste, um die Arbeit der Dienste zu koordinieren.

Daneben gibt es in Deutschland weitere Stellen und Behörden, die keine Geheimdienste im eigentlichen Sinne sind, sich aber teilweise auch nachrichtendienstlicher Mittel bedienen. Es handelt sich um das »Zentrum für Nachrichtenwesen der Bundeswehr« (ZNBw) und das »Bundesamt für Sicherheit in der Informationstechnik« (BSI) (siehe Anhang »Geheimdienste«).

Welche Rechte haben deutsche Geheimdienste?

Das Sammeln von Informationen aus offenen und für alle zugänglichen Quellen bedarf keiner besonderen (rechtlichen) Erlaubnis. Dort, wo allerdings bei der Informationsgewinnung »nachrichtendienstliche Mittel« verwendet werden, sieht die Sache anders aus. Die Aufgaben und Tätigkeitsbereiche der deutschen Geheimdienste sind zunächst in den jeweiligen Gesetzen für diese Behörden abgegrenzt (Bundesverfassungsschutz-, BND- bzw. MAD-Gesetz). Grundsätzlich steht ihnen aber bei ihrer Arbeit die gesamte Palette geheimdienstlicher Möglichkeiten zur Verfügung.

Allgemeine Rechte

Das Bundesamt für Verfassungsschutz darf die für seine Aufgaben erforderlichen Informationen einschließlich personenbezogener Daten erheben, verarbeiten und nutzen. Es darf Methoden, Gegenstände und Instrumente zur heimlichen Informationsbeschaffung, wie den Einsatz von Vertrauensleuten und Gewährspersonen, Observationen, Bild- und Tonaufzeichnungen, Tarnpapiere und Tarnkennzeichen, anwenden. Wo unterliegen diese gewährten Rechte einer Einschränkung? Das BfV muss zum Beispiel personenbezogene Daten dann berichtigen, wenn sie falsch sind, und löschen, wenn sie nicht mehr benötigt werden. Die Landesbehörden für Verfassungsschutz sammeln Informationen nach vergleichbaren »Landesverfassungsschutz-Gesetzen«, werten sie aus und übermitteln sie dem BfV und den anderen Landesbehörden, soweit es für deren Aufgabenerfüllung erforderlich ist. Ähnliche Befugnisse im Bereich des allgemeinen Rechts zur geheimdienstlichen Informationsgewinnung haben der BND und der MAD. In »ihren« Gesetzen wird auf das »Bundesverfassungsschutz-Gesetz« als Referenz Bezug genommen.

BfV und BND haben die Befugnis, im Einzelfall Auskünfte bei Kreditinstituten, Finanzdienstleistungsinstituten und Finanzunternehmen einzuholen, und zwar in Bezug auf Konten, ihre Inhaber und sonstigen Berechtigten, sofern sie Geldbewegungen und -anlagen betreffen. Damit verschaffen sie sich Informationen, um die finanziellen Ressourcen und die Gefährlichkeit z. B. terroristischer Gruppierungen einzuschätzen. Weiterhin werden Erkenntnisse über Geldtransfers zur Vorbereitung und Planung von Anschlägen gewonnen.

Das BfV hat das Recht, bei Postdienstleistern (z. B. Deutsche Post, UPS, German Parcel, DHL) Auskünfte z. B. zu Namen und Anschriften des Postverkehrs einzuholen. Die Auskunftspflicht besteht nur, wenn tatsächliche Anhaltspunkte für den Verdacht bestehen, dass eine Straftat geplant oder begangen wird oder begangen worden ist.

Frühzeitig und umfassend verfügbare Informationen über Reisewege sollen die rechtzeitige Analyse internationaler terroristischer Gruppen oder anderer Personen im Beobachtungsbereich des BfV, ihrer Ruhe- und Vorbereitungsräume, aber auch ihrer Zielgebiete ermöglichen. Daher darf das BfV bei Fluggesellschaften Auskünfte zu Namen, Anschriften und zur Nutzung von Transportleistungen einholen. Auskünfte über Begleitumstände der Telekommunikation und der Nutzung von Telediensten können wichtige Informationen über das Umfeld von Personen geben. Mit wem telefoniert die verdächtige Person? Verbindungs- und Nutzungsdaten ermöglichen es, Beteiligte terroristischer Netzwerke zu erkennen und damit Ermittlungen zielgerichtet vorzubereiten. Die Auskunft über Verbindungsdaten aktiv gemeldeter Mobilfunkgeräte ermöglicht es, ohne Observation den Aufenthaltsort nachzuvollziehen. Auch die Standortbestimmung eines genutzten Gerätes (Handy) und Kommunikationsprofile können wichtige Aufschlüsse über die beobachteten Personen oder Organisationen geben. Daher hat das BfV das Recht, solche Auskünfte anzufordern. Vergleichbare Rechte haben auch MAD und BND.

Die einzelnen von der Auskunftsverpflichtung erfassten Tele-
kommunikations-Verbindungsdaten und Teledienst-Nutzungs-
daten sind:

- Berechtigungskennungen, Kartennummern, Standortken-
  nung sowie Rufnummer oder Kennung des anrufenden und
  angerufenen Anschlusses oder der Endeinrichtung.
- Beginn und Ende der Verbindung nach Datum und Uhrzeit.
- Angaben über die Art der vom Kunden in Anspruch genom-
  menen Telekommunikations- und Teledienst-Dienstleistung.
- Endpunkte fest geschalteter Verbindungen, ihr Beginn und
  ihr Ende nach Datum und Uhrzeit.

Für einen Antrag auf Anordnung einer Telefonüberwachung ist
die Benennung einer Telefonnummer erforderlich. Nun nutzen
aber Angehörige terroristischer Gruppen zunehmend Mobiltelefone, deren Herkunft den Geheimdiensten nicht bekannt ist. Die
Telefonnummern solcher Geräte können deshalb auch über den
Betreiber nicht festgestellt werden. Mit Hilfe der Kartennummer
lässt sich allerdings in der Regel die dazugehörige Telefonnummer problemlos ermitteln. Daher wurde (dem BfV) eine grundsätzliche gesetzliche Erlaubnis zum Einsatz eines IMSI-Catchers
zur Ermittlung der Geräte- und Kartennummern von Telefonen
und auf dieser Basis auch zur Lokalisierung des Standortes des
Gerätes erteilt. Mit einem IMSI-Catcher ist es möglich, die IMSI
(International Mobile Subscriber Identity) eines eingeschalteten
Handys in seinem Einzugsbereich zu ermitteln. Diese IMSI ist
eine weltweit einmalige Kennung, die den Vertragspartner eines
Netzbetreibers eindeutig identifiziert. Die IMSI ist auf der SIM-
Karte (Subscriber Identity Module) gespeichert, die ein Mobil-
funkteilnehmer bei Abschluss eines Vertrages erhält. Mit Hilfe
der IMSI kann nicht nur die Identität des Teilnehmers, sondern
auch dessen Mobilfunktelefonnummer bestimmt werden. Zur
Ermittlung der IMSI simuliert ein IMSI-Catcher die Basisstation
einer Funkzelle des Mobilfunknetzes. Eingeschaltete Handys im

Einzugsbereich dieser vorgetäuschten Basisstation mit einer SIM des simulierten Netzbetreibers buchen sich nun automatisch beim IMSI-Catcher ein.

Nach Artikel 10 des Grundgesetzes sind jedoch das Briefgeheimnis sowie das Post- und Fernmeldegeheimnis unverletzlich. Beschränkungen dürfen deshalb nur auf Grund eines Gesetzes angeordnet werden. Dies ist durch das so genannte »G10-Gesetz« (benannt nach dem Grundgesetz-Artikel) geschehen. Hierin wird beschrieben, zu welchem Zweck die Geheimdienste Überwachungsmaßnahmen beantragen und durchführen dürfen. Soweit sich die Maßnahme gegen den einzelnen Verdächtigen richtet und gegebenenfalls sein Umfeld mit einschließt, wird sie als »Beschränkung im Einzelfall« oder auch als »Individualkontrolle« bezeichnet. Eine Beschränkung der Grundrechte des Einzelnen setzt voraus, dass Anhaltspunkte dafür bestehen, dass diese Person eine der im G10-Gesetz aufgelisteten »Katalogstraftaten« plant, begeht oder begangen hat.

Daneben sind »strategische Beschränkungen« des Post- und Fernmeldeverkehrs zulässig. Strategische Kontrolle bedeutet, dass nicht die Post- und Fernmeldeverkehrsbeziehungen einer bestimmten Person, sondern Kommunikationswege insgesamt kontrolliert werden. Aus einer großen Menge verschiedener Gesprächsverbindungen werden einzelne ausgewertet, die sich aufgrund spezifischer Merkmale, z. B. Schlüsselwörter, dafür eignen. Der Bundesinnenminister legt in einer »Bestimmung« fest, in welchen Bereichen die Überwachung stattfinden darf und auf welche Fernmeldeverkehre (Gebiete) sie zu beschränken ist. Diese Bestimmung bedarf der Zustimmung des Bundestags-Kontrollgremiums. Innerhalb dieses vom Gremium genehmigten Rahmens kann der Bundesinnenminister eine Überwachung anordnen. Über die Zulässigkeit und Notwendigkeit der Anordnung einschließlich der Verwendung von Suchbegriffen entscheidet dann die G10-Kommission des Parlaments.

Ein fiktives Beispiel veranschaulicht Rechtslage und Vorgehen: Deutsche Geheimdienste vermuten, dass sich ausgebildete und gewaltbereite »Al-Qaida«-Extremisten dauerhaft in Deutschland aufhalten. Zur Tarnung nutzen sie ein passendes Umfeld, das kulturell und den Lebensstil betreffend passend ist, jedoch selbst nicht an der Vorbereitung gewaltsamer Taten beteiligt ist, also etwa Moscheen und Kultureinrichtungen in Stadtteilen mit hoher Einwanderungsdichte. Die örtliche Moschee wird vielleicht mit saudi-arabischem Geld finanziert. Saudi-Arabien ist bekannt für seine rückwärts gewandte, fundamentalistische Auslegung des Islam, den *Wahhabismus*. Um solche Zentren herum entwickeln sich womöglich lokale Strukturen, vergleichbar mit der Wohngemeinschaft in der Marienstraße 54, Hamburg-Harburg, deren Mitglieder die Anschläge des 11. September planten und durchführten.

Durch den V-Mann einer muslimischen Kultureinrichtung werden deutsche Geheimdienste auf »Ibrahim« aus Frankfurt aufmerksam. Er hält Hassreden auf »Juden und Christen« und verfasst entsprechende Essays, die er auf seine Homepage stellt. Das BfV und das LfV Hessen beschließen, »Ibrahim« zu observieren. Dazu gehören nicht nur V-Leute im Umfeld der Moschee, die er regelmäßig besucht, sondern auch eine Überwachung seiner Telefone, der Post- und Reisewege. Zur Überwachung seines ausländischen Handys unbekannter Herkunft muss zudem ein IMSI-Catcher eingesetzt werden. Das Ergebnis der Überwachung ist, dass »Ibrahim« regelmäßig Post mit Dschihad-Aufrufen, vermutlich aus pakistanischer Quelle, erhält und zudem einen gleichgesinnten Bekanntenkreis hat, mit dem er sich über die Notwendigkeit eines »Heiligen Krieges in Deutschland« austauscht. Unter den Freunden befinden sich ein gewisser »Abdallah« und ein gewisser »Mohammed«. Die beiden sind den Behörden schon früher aufgefallen, da sie kurz hintereinander im Februar 2001 ihre Reisepässe als verloren gemeldet haben und im Verdacht stehen, damit ihre Terroristen-Ausbildung in einem afghanischen Camp der »Al-Qaida« zu verschleiern. »Ibrahim« und seine Bekannten reisen darüber hinaus häufig ins Ausland. Bei einer Überprüfung ihrer Flugziele stellt sich heraus, dass sie nach Istanbul und Teheran (die als Zwischenstopp auf der Route nach Pakistan bekannt sind) sowie Südfrankreich gereist sind, wo es ebenfalls Kontakte zu »Glaubensbrüdern« gibt. »Abdallah« und »Mohammed« werden nunmehr auch vom BfV observiert, zudem wird eine strategische Kontrolle in Deutschland anhand bestimmter Schlüsselwörter angeordnet, die Aufschluss über weitere Mitglieder einer etwaigen deutschen »Dschihad-Szene« bringen soll. Das BfV übergibt seine Erkenntnisse an die Polizei (Bundeskriminalamt), die exekutive Maßnahmen (Wohnungsdurchsuchungen, Festnahmen) durchführt. Gesamtergebnis der Telefon-, Post- und Reiseüberwachung: »Abdallah« und »Mohammed« sind »Al-Qaida«-Kämpfer. In ihrer Wohnung werden Waffen und Anschlagspläne auf das Frankfurter Bankenviertel gefunden. Unterstützen sollten sie dabei »Aiman« aus Berlin und »Khalid« aus München. Eine Überprüfung ihrer Bankkonten ergibt, dass jene regelmäßig Geld von einer Quelle aus Kuweit erhalten, das sie in größeren Beträgen bar abheben und »Abdallah« übergeben. Alle vier sind fest in die »Al-Qaida«-Strukturen integriert.

Spionageabwehr

Die deutschen Nachrichtendienste gewinnen nicht nur selbst Informationen, sondern sie versuchen auch, fremde Nachrichtendienste an Spionageaktivitäten zu hindern. Die Verfassungsschutzbehörden des Bundes und der Länder sind als Nachrichtendienste vom Gesetzgeber im zivilen Bereich auch mit der Sammlung und Auswertung von Informationen über sicherheitsgefährdende und geheimdienstliche Tätigkeiten (Spionage) ausländischer Dienste betraut. Dazu zählt auch die Weitergabe von (Atom-)Waffen (Proliferation). Darüber hinaus sollen Strukturen, Arbeitsmethoden und Zielvorgaben fremder Geheimdienste aufgedeckt werden, die in Deutschland aktiv sind. Aufgrund der geographischen Lage und des wirtschaftlichen Potenzials Deutschlands stehen deutsche Organisationen, Behörden, Unternehmen und Forschungseinrichtungen im Mittelpunkt ausländischer Spionageaktivitäten. Doch auch die deutschen Geheimdienste selbst zählen zu den

Spionagezielen, wie die »Abschöpfung« eines BND-Mannes durch eine bulgarische Agentin von 1999 bis 2003 beweist. Die BND-Spionageabwehr hatte den Geheimnisverrat »aufgeklärt«.

Spionageaktivitäten ausländischer Geheimdienste unterliegen einer sorgsam unterschiedenen offiziellen Wahrnehmung. In den Verfassungsschutzberichten hat man bei der Spionage fremder Geheimdienste getreu dem alten Feindbild vor allem die russischen Dienste im Visier, ergänzt um einige Exoten. Spionage von »Partnerdiensten« dagegen findet, glaubt man den Berichten, überhaupt nicht statt. Doch das ist schlicht falsch. »Freundesspionage« macht einen großen Anteil der geheimdienstlichen Tätigkeit aus, sowohl in der technischen als auch der operativen Aufklärung. Ein spektakulärer Fall unter vielen war das Ausspionieren eines norddeutschen Herstellers von Windkraftanlagen durch die NSA.

Den deutschen Geheimdiensten ist das Problem trotz einer anders lautenden Informationspolitik bekannt und ihre Spionageabwehr handelt dagegen, ohne großes Aufsehen zu erregen, etwa innerhalb diplomatischer Kanäle. In der Regel sind deutsche Dienste gut über Residenturen und Agenten fremder Dienste informiert. Wenn diese es mit ihren Aktivitäten übertreiben, kann man sich auch, um diplomatische Verwicklungen zu vermeiden, vertrauenswürdiger Journalisten bedienen. Diese liefern in auflagenstarken Zeitungen »James-Bond-Storys« wie »12 CIA-Agenten mit der Lizenz zum Töten eingesickert«. »Befreundete« Dienste, die auch offene Quellen auswerten, wissen dann: Wir sollten unsere Aktivitäten in nächster Zeit ein wenig drosseln. Dennoch ist die »Sehfähigkeit« deutscher Spionageabwehr auf dem »westlichen« Auge anscheinend geringer als auf dem »östlichen«.

Die Geheimdienst-Kontrolle

Um einen Missbrauch der Kompetenzen durch die deutschen Geheimdienste, wo nicht vollständig zu vermeiden, so doch zu erschweren, unterliegen diese einer Vielfalt von Kontrollen. Es lassen sich vier Kontrollebenen unterscheiden:

- die Kontrolle durch den jeweils zuständigen Minister, den Rechnungshof und den Datenschutzbeauftragten;
- die parlamentarische Kontrolle durch die parlamentarische Kontrollkommission;
- die richterliche Kontrolle (nur begrenzt möglich auf Grund des Tätigkeitsfeldes der Geheimdienste) sowie
- die öffentliche Kontrolle, z. B. durch kritische Journalisten und Bürger, Berichte, Fachbeiträge und Bücher.

Kontrolle durch das Parlamentarische Kontrollgremium (PKGr)

Sehr weitgehende Kontrollmöglichkeiten hat das aus Bundestagsabgeordneten bestehende »Parlamentarische Kontrollgremium«. Es steht permanent zur kritischen Begleitung der Nachrichtendienste bereit. Seine Bedeutung kommt in der gesetzlichen Formulierung zum Ausdruck: »Die Bundesregierung unterliegt hinsichtlich der Tätigkeit des Bundesamtes für Verfassungsschutz, des Militärischen Abschirmdienstes und des Bundesnachrichtendienstes der Kontrolle durch das Parlamentarische Kontrollgremium.« Dazu gehören umfassende Auskunftsrechte in der Sache, das Befragen von Geheimdienst-Mitarbeitern, Einsicht in Akten und Dateien und die Möglichkeit, gezielte Untersuchungen in Gang zu bringen.

In der Regel sind die Abgeordneten, die in das PKGr gewählt werden, erfahrene Mitglieder aller Fraktionen des Bundestages (nach Fraktionsstärke, keine Mitgliederhöchstzahl), die sich bei den parlamentarischen Abläufen und auf dem Gebiet der inneren und äußeren Sicherheit auskennen.

Kontrolle durch die G10-Kommission

Die Beschränkung von Brief-, Post- und Fernmeldegeheimnis nach G10-Gesetz wird durch ein mit der Nachprüfung beauftragtes, vom Bundestag bestelltes Gremium, genannt G10-Kommission, kontrolliert. Diese Kommission besteht nicht aus Abgeordneten, sondern aus Persönlichkeiten, die das Vertrauen der Bundestagsfraktionen besitzen. Berufen werden die Mitglieder vom Parlamentarischen Kontrollgremium für eine laufende Wahlperiode.

Die G10-Kommission hat ein Recht auf Auskunft auf alle ihre Fragen und die Möglichkeit, alle Unterlagen und gespeicherten Daten im Zusammenhang mit den Eingriffen in das Grundrecht einzusehen. Ihre Mitglieder müssen auch jederzeit Zutritt zu allen Diensträumen der Nachrichtendienste erhalten. Die Kommissionsmitglieder entscheiden nicht allein vor Beginn einer Maßnahme, ob das Mithören oder Mitlesen zulässig oder notwendig ist, sie können die laufende Aktion auch stoppen, z. B. auf Grund von eingereichten Beschwerden.

Kontrolle durch das Vertrauensgremium

Geheimdienste haben einen hohen Finanzbedarf. Über Geld jedoch kann die Bundesregierung ohne Zustimmung des Parlamentes nicht verfügen, da nur der Bundestag berechtigt ist, den Haushaltsplan zu verabschieden. Dessen Entwurf ist in allen Phasen jedem Bürger zugänglich. Allerdings wird die Geldsumme für Geheimdienste im öffentlichen Haushalt nur pauschal angegeben. Die Details stehen in einem geheimen Zusatz. Die alleinige Haushaltskompetenz des Bundestages wird aber dreifach abgesichert:

- *Erstens* hält eine auf Geheimhaltung verpflichtete Abteilung des Bundesrechnungshofes die Mittelverwendung im Blick.
- *Zweitens* gibt das Parlamentarische Kontrollgremium zur Aufstellung des Haushaltes Ratschläge aufgrund seiner Erfahrungen und entsendet Vertreter zu den Beratungen über die Details.
- *Drittens* hat sich der Haushaltsausschuss ein für die Geheimdienste zuständiges Vertrauensgremium geschaffen, so dass die Hoheit des Parlamentes auch über die Mittel für die Geheimdienste bis in die Einzelheiten gewahrt bleibt. Um bei den Angelegenheiten der Geheimdienste auf dem Laufenden zu bleiben, können Mitglieder des Vertrauensgremiums an

den Sitzungen des Parlamentarischen Kontrollgremiums teilnehmen. Die Sitzungen sind geheim und finden ausschließlich in abhörsicheren Räumen des Bundestages statt.

KONTROLLE DURCH DIE DATENSCHUTZBEAUFTRAGTEN
Auch über die Datenschutzbeauftragten öffnen sich Türen für eine Kontrolle der Geheimdienste. Der vom Bundestag jeweils für fünf Jahre gewählte Bundesbeauftragte für den Datenschutz geht zusammen mit den Landesbeauftragten für Datenschutz der Frage nach, ob das Recht des Bürgers auf die so genannte informationelle Selbstbestimmung bei den alltäglichen Handlungen der Behörden gewahrt ist. Dieses Recht des Einzelnen hat das Bundesverfassungsgericht 1983 entwickelt und auf die neuen Möglichkeiten der elektronischen Datenverarbeitung bezogen. Das Verfassungsgericht zog klare Grenzen dort, wo es möglich wird, aus verschiedenen Datenbeständen ein immer umfassenderes Persönlichkeitsbild zu gewinnen, ohne dass der Betroffene die Richtigkeit und die Verwendung ausreichend kontrollieren kann. Damit berührt der Datenschutz die Kerntätigkeit der Nachrichtendienste: das Sammeln von für die Aufklärung wichtigen personenbezogenen Daten. Das informationelle Selbstbestimmungsrecht ist jedoch nicht schrankenlos, wie das Verfassungsgericht weiter feststellte. Es gibt Fälle, in denen die Interessen der Allgemeinheit überwiegen. Aber nach den Vorgaben des Gerichtes muss der Zweck der Datengewinnung klar vorgegeben und die Verhältnismäßigkeit gewahrt sein. Der Datenschutzbeauftragte wacht deshalb auch im Fall der Nachrichtendienste darüber, dass nicht ins Blaue hinein gesammelt wird und zum Beispiel Daten, die nicht mit dem Zweck der Aufklärung zusammenhängen, auch wieder gelöscht werden.

Der Bundestag hat die Bedeutung des Datenschutzes für BND, MAD und BfV dadurch untermauert, dass er dem Datenschutzbeauftragten ein Auskunfts- und Zugangsrecht ausdrücklich auch zu Unterlagen eingeräumt hat, die einer besonderen Geheimhaltung unterliegen. Datenschutzverstöße kann er förmlich beanstanden

und damit ein Prüfverfahren des zuständigen Ministeriums aus-
lösen. Er hat aber auch die Möglichkeit, sie in seinen offiziellen
Bericht aufzunehmen, den er alle zwei Jahre dem Bundestag
vorlegt.

Die Nachrichtendienste sind verpflichtet, dem Betroffenen auf
Antrag unentgeltlich Auskunft über die Daten zu geben, die über
seine Person gespeichert sind. Zur Begründung muss er auf einen
konkreten Sachverhalt hinweisen, durch den es zur Speicherung
gekommen ist, und ein besonderes Interesse an der Auskunft
darlegen. Die Nachrichtendienste können jedoch die Auskunft
verweigern, wenn ansonsten ihre Aufgabenerfüllung gefährdet
wäre, eine Quelle nicht mehr geschützt werden könnte, Erkennt-
nisstand und Arbeitsweise des Dienstes ausgeforscht würden, die
öffentliche Sicherheit nicht gewährleistet wäre, dem Wohl von
Bund und Land Nachteile entstünden oder Rechte Dritter verletzt
würden. Gleichzeitig aber müssen die Geheimdienste den Betroffenen darauf hinweisen, dass er sich an den Bundesbeauftragten
für Datenschutz wenden kann. Ihm erteilen sie die Auskünfte, die
dem Betroffenen verweigert wurden.

Das Datenspeicher-Verbundsystem NADIS

Für die Speicherung von Daten zu Abfragezwecken betreiben
die Inlandsgeheimdienste das »Nachrichtendienstliche Informa-
tionssystem« (NADIS), bei dem es sich um ein Verbundsystem
für das BfV und die Landesämter für Verfassungsschutz sowie
die Abteilung Staatsschutz des Bundeskriminalamtes handelt.
Dieses System ermöglicht den angeschlossenen Einrichtungen
direkte Eingaben und Abfragen im Online-Verfahren. Auch BND
und MAD sind an der Nutzung von NADIS beteiligt. Gespeichert
werden Daten von Personen mit »Bestrebungen gegen die freiheit-
lich-demokratische Grundordnung« oder – im Falle des MAD – die
Daten von Wehrpflichtigen.

Bei NADIS handelt es sich um ein Hinweissystem auf Aktenvor-
gänge, dessen Kernstück die Personenzentraldatei (PZD) ist, in der
Personendaten und Hinweise auf zugehörige Aktenfundstellen

gespeichert werden. NADIS ist kein System, das wesentliche Sach-informationen enthält, sondern ein automatisiertes Hilfsmittel der Aktenregistratur (Hinweisdatei). Es gibt die Aktenzeichen der vorhandenen Aktenbestände an und enthält zum Zweck der Zuordnung der Akten personenbezogene Grunddaten des Betroffenen wie z. B. Namen, Vornamen, Geburtsort, Staatsangehörigkeit und Anschrift. Damit wird zwar das Auffinden von Informationen erleichtert, doch wenn einer der NADIS-Teilnehmer Auskünfte benötigt, die über die gespeicherten Personendaten hinausgehen, so bleibt ihm nur der konventionelle Weg, an die aktenführende Stelle eine schriftliche Anfrage auf dem Dienstweg zu schicken. Damit ist das System nur in beschränktem Maße von Nutzen für Recherchezwecke. Eine Hilfe bei der Auswertung von gesammelten Daten bietet es nicht.

Die aus NADIS ersichtlichen Angaben besagen nicht, dass es sich bei der betroffenen Person um einen Extremisten, Terroristen oder gegnerischen Agenten handelt. Ein Großteil der Speicherung bezieht sich auf Personen, die durch gewaltgeneigte Organisationen gefährdet sind, die im konkreten Ausforschungsinteresse gegnerischer Nachrichtendienste stehen oder die einer Sicherheitsüberprüfung unterzogen wurden. Das Unbehagen über dieses Datenverwaltungssystem in der Öffentlichkeit ist zwar nachvollziehbar, aber weitgehend unbegründet. Bei NADIS handelt es sich nicht um eine »Verdächtigendatei«. Die Speicherung einer Person in diesem System hat für den Betroffenen keine diskriminierende Wirkung. Tatsächlich ist NADIS aufgrund seiner Konzeption und seines Bestandes weder in der Lage, den »gläsernen Menschen« zu produzieren, noch die »Kontrolle des Bürgers« sicherzustellen.

Anfang 2003 enthielt NADIS 942 350 personenbezogene Eintragungen, davon 520 390 Eintragungen (55,2 %) aufgrund von Sicherheitsüberprüfungen für Tätigkeiten in sicherheitsrelevanten Bereichen bei Behörden des Bundes und der Länder. Anfang 2002 waren es 925 650 Eintragungen.

Pleiten, Projekte, Peinlichkeiten

Geheimdienstarbeit spielt sich nicht immer geräuschlos »hinter den Kulissen« ab. Eine intensive Information der Öffentlichkeit durch die Medien setzt häufig dann ein, wenn Geheimdienstarbeit fehlerhaft ist oder verdeckte Ermittlungen mit Datenschutz oder Persönlichkeitsschutz kollidieren. Die Ursache für missglückte Geheimdienstarbeit liegt vor allem im mangelhaften Informationsaustausch zwischen Behörden.

Hamburg, Köln und die »Atta-Boys«

Im Vorfeld der Terroranschläge des 11.09.2001 hat es zahlreiche Pannen auf Seiten der US-Geheimdienste gegeben, was mittlerweile recht gut dokumentiert ist, und das, ohne auf eine einzige Verschwörungstheorie zurückzugreifen. Auch in Deutschland ergeben sich rund um die Hamburger »Al-Qaida«-Zelle und deren geheimdienstliche Abschöpfung Fragen, z. B. warum die vorhandenen Erkenntnisse nicht schneller in eine strafrechtliche Verfolgung umgesetzt wurden.

Die Hamburger »Al-Qaida«-Zelle, bestehend aus der Wohngemeinschaft »Marienstraße 54« und ihren regelmäßigen Besuchern, hat die Terroranschläge der »Al-Qaida« am 11.09.2001 geplant und ausgeführt. Die jungen Muslime lebten bereits seit mehreren Jahren in Deutschland, studierten hier und konnten doch unentdeckt ihre Pläne schmieden. Die deutschen Geheimdienste hatten zwar eine vage Vorstellung von der Gewaltbereitschaft der »Terror-WG«, jedoch hätte das Bild über den Hamburger »Al-Qaida«-Zirkel genauer sein können, wenn sich der Hamburger Verfassungsschutz und das Bundesamt für Verfassungsschutz in Köln gegenseitig vollständig informiert hätten. Unter Beobachtung beider Behörden war seit 1999 die in Hamburg ansässige Creme der deutschen »Al-Qaida«, zum Beispiel *Mohammed Haydar Zammar* (Deutsch-Syrer, mutmaßlicher Chef-Anwerber der »Al-Qaida« in

Deutschland), *Marmoun Darkazanli* (deutsch-syrischer Kaufmann, mutmaßlicher internationaler Kontaktmann der »Al-Qaida« in Deutschland), *Mounir el-Motassadeq* (Marokkaner, Mitplaner der Anschläge vom 11. September; wurde im Februar 2003 in Hamburg zu 15 Jahren Haft verurteilt), *Ramzi Binalshibh* (Jemenit, mutmaßlich ebenfalls maßgeblich an der Planung der Anschläge vom 11. September beteiligt), *Said Bahaji* (Deutsch-Marokkaner, per internationalen Haftbefehl gesuchter mutmaßlicher Mitplaner der Anschläge), *Mohammed Atta* (Ägypter, Pilot der »WTC-Nordturm-Maschine«, mutmaßlich einer der verantwortlichen Planer der Anschläge) und *Marwan al-Shehhi* (Vereinigte Arabische Emirate, Pilot der »WTC-Südturm-Maschine«).

Was war geschehen? Und wer wusste was? Schon Mitte 1990 liegen dem BfV in Köln Erkenntnisse vor, dass *Zammar* ein gefährlicher religiöser Eiferer ist. Deshalb entschließt man sich 1998, eine umfangreiche nachrichtendienstliche Überwachung *Zammars* einzuleiten. Im Rahmen der »Operation Zartheit« (*Zammar* ist ein 120-Kilo-Mann!) wird er observiert, abgehört und sein Umfeld abgeschöpft. Im Rahmen der Ermittlungen wird man auf *el-Motassadeq* aufmerksam, der 1999 zur Grenzfahndung des BfV ausgeschrieben wird. Dabei werden Personalien wie Name, Wohnsitz und Reisepassnummer in das Polizei-Informationssystem INPOL eingegeben, um Kenntnisse über Aufenthalt und Reisewege zu erlangen. Auch auf *Said Bahaji* wurden die Bundesverfassungsschützer aufmerksam, so dass er ebenfalls zur Grenzfahndung ausgeschrieben wurde. Durch die Überwachung *Zammars* geriet schließlich die Marienstraße 54 in Hamburg ins Blickfeld. Namen wie *Binalshibh*, der zu der Zeit schon intensiv von der CIA beobachtet wurde (wovon die deutschen Geheimdienste allerdings nichts wussten), *Atta*, *al-Shehhi* und andere waren inzwischen bekannte Größen.

Parallel dazu ermittelte der Hamburger Verfassungsschutz. Schon Ende der 1990er Jahre war *Darkazanli* dort als religiöser Fanatiker bekannt. Zudem hatte die CIA *Darkazanli* durch einen Agenten in Deutschland im Visier und versuchte, allerdings mehr notgedrungen, mit den Hamburgern zu kooperieren. Als dritte Partei im Bunde operierte das Hamburgische Landesamt für Verfassungsschutz: Hier kümmerte man sich vor allem um *Darkazanlis* Kontakte zu islamistischen Kreisen, und auch *Zammar* geriet durch sein Wirken in der »Al-Kuds-Moschee« ins Visier der Hamburger Verfassungsschützer, er wurde überwacht.

Was folgt daraus? Landes- und Bundesverfassungsschutz haben im Prinzip die gleichen Zielpersonen unter Überwachung, wissen aber nichts von den Maßnahmen der jeweils anderen Seite. Denn obwohl es sichtbare Querverbindungen gab, tauschten sich beide Nachrichtendienste nicht über ihre Verdachtsmomente und Vorgehensweisen aus. So hatte das BfV einmal ohne Wissen des Hamburger Verfassungsschutzes ergebnislos versucht, *Zammar* als V-Mann anzuwerben. Das LfV Hamburg teilte dem BfV nicht mit, was es über *Darkazanli* und *Zammar* sowie deren Kontakte wusste. Umgekehrt informierte das BfV das LfV nicht über die »Operation Zartheit«, ihre Ergebnisse und darüber, dass mehrere Personen im unmittelbaren Umfeld der Wohngemeinschaft »Marienstraße 54« zur Grenzfahndung ausgeschrieben waren. So verfolgte das BfV z. B. die Reise *el-Motassadeqs* in ein »Al-Qaida«-Trainingslager in Afghanistan, was für das LfV durchaus interessant gewesen wäre.

Zu behaupten, die Anschläge vom 11. September hätten ohne nationale und internationale »Kommunikationsdefizite« nicht stattgefunden, ist sicherlich unzutreffend. Ein Anschlag dieser Dimension war nach allen bekannten Fakten so im Vorfeld nicht zu erkennen, wohl aber die Existenz von »Al-Qaida«-Strukturen und ihre prinzipielle Gewaltbereitschaft. Doch auch die föderalen Strukturen des deutschen Geheimdienstes spielen hier eine Rolle, insofern sie die mangelhafte Kommunikation zwischen den einzelnen Behörden befördern. So profitierte die Hamburger »Al-Qaida«-Zelle von den komplizierten Geheimdienst-Strukturen und konnte unter den Augen deutscher Nachrichtendienste ihren mörderischen Plan entfalten.

V-Männer in Folge

Der Einsatz von V-Leuten gehört zu den gesetzlich geregelten Standardmethoden des Verfassungsschutzes. Doch besonders im Zusammenhang mit rechtsextremistischen Organisationen sorgt die Anwerbung solcher Verbindungsmänner immer wieder für Schlagzeilen. Mitte 2001 machte der ehemalige thüringische NPD-Vize *Tino Brandt* in einem ZDF-Interview seine Spitzeltätigkeit bekannt. Der überzeugte Rechtsextremist erklärte, er habe dafür einen »mehr als fünfstelligen Betrag« erhalten, den er vollständig für Neonazi-Propaganda verwendet habe. Die Gelder seien »mit Sicherheit in den Aufbau unserer Internet-Seite und mit Sicherheit für Rudolf-Heß-Aktionen geflossen«, sagte Brandt. Er bestätigte, dass der Verfassungsschutz mit den Honoraren den Aufbau des Thüringer Heimatschutzes (THS) mitfinanziert habe, der als die größte organisierte Neonazi-Organisation im Land gilt. *Tino Brandt*, alias »Otto«, wurde vom Verfassungsschutz mit bis zu 40 000 DM pro Jahr gesponsert (*Der Spiegel* 25 / 2001). Darüber hinaus beschäftigte der Verfassungsschutz Thüringens den verurteilten Neonazi *Thomas Dienel* und zahlte ihm 25 000 DM (*Süddeutsche Zeitung*, 01.09.2000), ein Umstand, den Demonstranten in Erfurt bissig kommentierten: »Alle reden von Nazis. Wir bezahlen sie« und »NPD schwächen = Verfassungsschutz auflösen!« (*Süddeutsche Zeitung*, 22.05.2001).

Die Fälle *»Brandt«* und *»Dienel«* machten die Problematik von V-Leuten deutlich. Aber es kam noch schlimmer. Am 18.03.2003 wurde, zum ersten und bisher einzigen Mal, ein Parteiverbotsverfahren – es ging um das Verbot der NPD – vom Bundesverfassungsgericht nicht nur abschlägig beschieden, sondern zugleich mit der Kritik an der Praxis des Verfassungsschutzes verknüpft. Um ein Verbot der NPD zu erwirken, ihre Verfassungswidrigkeit und die aggressiv-kämpferische Haltung ihrer Mitglieder zu belegen, wurden V-Leute von den deutschen Verfassungsschutzbehörden eingesetzt. Der Wert der Aussagen von V-Leuten ist allerdings generell juristisch umstritten, da bei gekauften Informationen der Wahrheitsgehalt zweifelhaft sein kann. Weiterhin besteht die

Gefahr, dass ein V-Mann als »Agent Provocateur« rechtswidrige Aktionen oder Aussagen gezielt provoziert, um so das gewünschte Material liefern zu können.

Bereits im Oktober 2000 machte sich in der Bund-Länder-Arbeitsgruppe, die seit August den Verbotsantrag gegen die NPD in Karlsruhe prüfte, tiefe Skepsis breit (*Die Welt*, 29.01.02). Das gegen die NPD zusammengetragene Material reiche für einen erfolgreichen Verbotsantrag nicht aus. Speziell die »problematische Quellenlage« im V-Mann-Bereich sei hier anzuführen. Die Experten erlebten dann, wie Bundesinnenminister *Otto Schily* öffentlich erklärte, das Material reiche aus. Schließlich wurden drei Anträge von Bundesregierung, Bundestag und Bundesrat im Februar 2001 beim Bundesverfassungsgericht (BVerfG) eingereicht und am 04.10.2001 gemeinsam angenommen. Worum ging es? Der NPD musste nach Art. 21 Abs. 2 GG nachgewiesen werden, dass sie »nach ihren Zielen oder nach dem Verhalten ihrer Mitglieder darauf ausgeht, die freiheitliche demokratische Grundordnung zu beeinträchtigen oder zu beseitigen«. Dabei muss nachgewiesen werden, dass sie dies »in aktiv kämpferischer Weise« tut, wofür dumpfe rechte Parolen und Hasspropaganda allein nicht ausreichen. Es häuften sich besonders in den hinteren Abschnitten der Verbotsanträge Hinweise auf so genannte »Behördenzeugnisse«. Damit werden Informationen aus geheimen Quellen, zumeist von V-Leuten oder aus Abhörprotokollen, bezeichnet. In ihren Anträgen stützten sich Bundesregierung, Bundestag und Bundesrat 126-mal auf solche »Behördenzeugnisse« aus verschiedenen Bundesländern in den Abschnitten, die das verfassungswidrige Verhalten von NPD-Größen belegen sollten.

Im Laufe der Zeit wurden neun V-Leute in den Verbotsanträgen von Bundestag, Bundesrat und Bundesregierung bekannt, von denen zum Zeitpunkt ihrer Äußerungen nur noch einer als V-Mann aktiv gewesen sein soll. Außerdem hielt sich das Gerücht, dass einige NPD-Reden eigens von Verfassungsschützern geschrieben worden sein sollten. Die V-Leute von Bund und Ländern tauchten aber nicht alle in den Verbotsanträgen als solche auf, sondern wurden nach und nach durch Medienrecherchen bekannt, wie einige Beispiele zeigen.

So gestand Innenminister *Otto Schily* am 23.01.2002 eine schwere Panne ein, als er vor dem Innenausschuss des Bundestages zugab, seine Abteilung »Innere Sicherheit« sei bereits seit August 2001 über die V-Mann-Vergangenheit der NPD-Größe *Wolfgang Frenz* informiert gewesen. Der NPD-Funktionär aus Solingen war langjähriger stellvertretender Landesvorsitzender der NRW-NPD und Mitglied des Bundesvorstandes, aber bis 1995 auch V-Mann des Verfassungsschutzes Nordrhein-Westfalen. Diese Information wurde dem Bundesverfassungsgericht vorenthalten. *Frenz* sollte als einer der Hauptzeugen im Verfahren um den NPD-Verbotsantrag gehört werden. Den Grund für die »Übermittlungspanne« sah *Schily* in »menschlichem Versagen«: Anstatt die Fakten an seinen – für den Bereich Verfassungsschutz zuständigen – Kollegen weiterzugeben, sei die Information vom Abteilungsleiter »vergessen« worden. Aber war *Frenz* überhaupt der »richtige Mann«? Der nordrhein-westfälische Innenminister *Fritz Behrens* verwies nach Bekanntwerden von *Frenz* auf die Warnung seines Verfassungsschutzes von 2000, dessen Aussagen nicht zu viel Beachtung zu schenken.

Die Geschichte der »Versäumnisse« setzte sich fort: Am 04.02.2002 räumte *Rainer Lingenthal*, Sprecher des Bundesinnenministeriums ein, es gebe jetzt drei V-Männer der Verfassungsschutzbehörden, die in den NPD-Verbotsanträgen eine Rolle spielten. Am selben Abend jedoch berichtete die ARD-Sendung »Fakt« von einem weiteren V-Mann. *Lingenthal* musste daraufhin zugeben, dass dieser V-Mann aus Mecklenburg-Vorpommern ebenfalls in den Unterlagen zum NPD-Verbotsantrag auftauchte. Es handelte sich um den ehemaligen Leiter der NPD-Zeitung Mecklenburg-Vorpommern, *Matthias Meier*. Er werde allerdings nur mit Aussagen aus der Zeit zitiert, bevor er als V-Mann für den Verfassungsschutz aktiv war. *Lingenthal* erklärte dann am 14.02.2002, die betreffenden neuen V-Leute seien den Verfassungsschutzämtern der Länder zuzuordnen. »Es sind keine V-Leute des Bundes.«

Durch eine konsequente Vorbereitung der Anträge und einen verbesserten Informationstausch zwischen den Behörden von Bund und Ländern hätte die peinliche »Salami-Enttarnung« der Verfassungsschutz-V-Leute verhindert werden können. Doch da dies nicht geschehen war, die V-Leute also maßgeblich zur Beweisführung beitrugen, wurde das gesamte Verbotsverfahren vor dem Bundesverfassungsgericht schließlich gekippt. Der »NPD-Fall« macht die Notwendigkeit einer Strukturreform der Geheimdienste in Deutschland deutlich. Doppelzuständigkeiten von Bundes- und Länderbehörden sowie mangelnde Kommunikation erschweren eine effektive Tätigkeit. Wie beim Fall der »Atta-Boys« stellt sich die Frage: Wozu braucht man einen Bundes-Inlandsgeheimdienst und 16 Landesgeheimdienste?

Go big or go home: Hörspiele ohne Grenzen

Nach dem 11. September wurde die US-Administration auch an der Geheimdienstfront »kriegsaktiv«. Dabei entstanden ambitionierte Projekte. So z. B. das »Total Information Awareness«-Programm (TIA) des Pentagon. Wie *Ulrich Kulke* (*Die Welt*, 24.10.2003) ausführte, wurde die elektronische Generalmobilmachung gegen den weltweiten Terrorismus geplant. Die nationalen und internationalen Datennetze sollten überwacht werden. Die Konsequenzen gemäß *Kulke*: »Jeder Einkauf mit Kreditkarte, jedes Zeitschriftenabonnement, jede Reise, jeder Klick im Internet an jedem Computer, ob im Büro oder zu Hause, jede E-Mail, jeder Einkauf in jeder Apotheke, jede Kontenbewegung, jedes Telefongespräch, alle menschlichen Bewegungen auf kameraüberwachten öffentlichen Plätzen, mit besonderem ›Kameramerk‹ auf biometrischen Daten etwa des Ganges – all das sollte gespeichert werden und von einem intelligenten System nach auffälligen, verdächtigen, anomalen Transaktionen automatisch durchgesiebt werden. Oder aufgehoben, um spätere Ermittlungen zu erleichtern.«

Von Anfang an gab es viel Kritik an dem Projekt. Neben Fragen des Datenschutzes und der Selbstbestimmung des Bürgers über seine Daten ist besonders bedenklich, dass die bereits angelaufene Forschungs- und Entwicklungsphase zum Großteil von privaten Firmen durchgeführt wird. Es sollen Methoden entwickelt werden, die selbst die Überwachungsmaßnahmen der NSA weit in den Schatten stellen würden. Per Datamining sollen genaue Profile möglichst vieler Menschen erstellt werden. Unabhängig von der Frage der Realisierbarkeit handelte es sich um ein in jeder Hinsicht abenteuerliches Projekt, das die Spionageabwehr anderer Geheimdienste vor neue Aufgaben gestellt hätte.

Die Proteste gegen das Projekt zeigten allerdings Wirkung: Im Juli 2003 wurde das TIA-Projekt durch den US-Kongress gekippt. Er stoppte das Projekt in mehreren Etappen, strich im Sommer alle Mittel, schloss per Gesetzesänderung das TIA-Büro (IAO) und setzte das Pentagon unter Informationspflicht: Alle Vorhaben, die das US-Verteidigungsministerium fortan in diese Richtung plant, sind ab sofort unverzüglich dem Kongress mitzuteilen und nur mit dessen ausdrücklicher Genehmigung erlaubt.

Aber es gibt einen »Haken an dem Verbot«. Wie *Florian Rötzer* (*telepolis*, 25.09.2003) analysiert, dürfen Technologien, die im Rahmen des TIA-Programms entwickelt wurden, von anderen Behörden verwendet und eingesetzt werden. Ausdrücklich ausgenommen wurde vom Verbot die Verwendung von TIA-Technologien für »rechtmäßige militärische Operationen der USA im Ausland« sowie für »rechtmäßige Aktivitäten von Auslandsgeheimdiensten, die gänzlich gegen Nicht-US-Bürger durchgeführt werden«. Den US-Geheimdiensten ist es damit prinzipiell möglich, zusätzliche TIA-Überwachungstechnologien zu nutzen. Weiterhin dürfen vier Projekte weiterentwickelt werden, die das schnellere Erkennen von Anschlägen mit biologischen Waffen, eine automatische Übersetzung und Bearbeitung von Dokumenten und Sendungen in anderen, d. h. nicht englischen Sprachen (Tides) oder die Vorhersage von künftigen Anschlägen zum Inhalt haben. Auch das verschafft den US-Diensten zusätzliche Überwachungsmöglichkeiten.

Überflüssig zu erwähnen ist, dass Präsident *Bush* den Stopp des Programms ablehnt und es weiterhin vollständig in Kraft setzen will, was wohl bei einem weiteren Terroranschlag auf amerikanischem Boden in greifbare Nähe rückt. Eine grundsätzliche Frage stellen sich die USA nicht: Was hilft es, noch mehr Informationen über terroristische Strukturen zu erhalten, wenn bereits jetzt die umfangreichen Informationen zu fragwürdigen Schlussfolgerungen und zögerlicher Nutzung führten? Nicht der Mangel an Informationen ist heute das Problem, sondern ihre Nutzung.

Gedreht und gewendet: der Irak-Fake

Ende März 2003 griffen die USA den Irak an, deklariert als Feldzug gegen den Terror, gestützt auf »Fakten und Beweise«. Es war der große Auftritt des amerikanischen Außenministers. Mit großen Gesten und einer ausgefeilten Multimediaschau wollte *Colin Powell* bei der entscheidenden Sitzung vor dem UN-Sicherheitsrat am 05.02.2003 die Welt mit wasserdichten Beweisen von der Gefährlichkeit irakischer Massenvernichtungswaffen und einer Verbindung zu *Osama bin Ladens* »Al-Qaida« überzeugen. Beides gab es so nicht, wie sich kurz darauf herausstellte.

Nach der traumatischen Erfahrung der Terroranschläge vom 11. September war der innenpolitische Druck offenbar so groß, dass die USA schnell Schuldige präsentieren und bekämpfen mussten. Da dies mit einer netzwerkartig operierenden Organisation offenbar nur schwer möglich ist, mussten andere Bösewichte her, die es auch verdient hatten und leichter zu treffen waren. »Und dann wurde getrickst, zurechtgestutzt, getäuscht, nachgebessert, betrogen, manipuliert. Das Bedrohungsszenario in einer zwölf Jahre alten Doktorarbeit wurde als Geheimdiensterkenntnis ausgegeben, Giftlabors in Bunkern und unterirdische Chemiefabriken entsprangen ganz offensichtlich der Fantasie mancher Strategen im Weißen Haus.« (*Langenau*, 2003) Gewarnt wurde zudem vor einer Uran-Connection Irak-Niger, u. a. mit Schriftstücken eines nicht mehr im Amt befindlichen Außenministers Nigers. Ebenso unglaubwürdig und falsch dargeboten wurde eine Verbindung zu »Al-Qaida«, die nicht existierte.

»Ich glaube nur den Statistiken, die ich selbst gefälscht habe«, sagte *Winston Churchill* einst. Gilt das heute noch? Eine Fehlinformation durch die US-Geheimdienste lag jedenfalls nicht vor. Diese übermittelten die Fakten und zogen zutreffende Schlussfolgerungen, die freilich nicht zur feststehenden US-Strategie und Politik passten. Die CIA hatte ursprünglich die Aufgabe, im Irak Beweise für *Saddams* Massenvernichtungswaffen und seine Nähe zur »Al-Qaida« zu besorgen. Aber die Agenten arbeiteten anscheinend nicht zur Zufriedenheit der US-Administration, denn Beweise ließen sich keine finden. In einem geheimen CIA-Schreiben vom 07.10.2002 stellt CIA-Chef *George Tenet* fest: »Bagdad scheint sich bisher klar abzugrenzen gegenüber terroristischen Anschlägen.« Eine organisierte Verbindung zwischen *Saddam Hussein* und »Al-Qaida« existiere nicht, die Bedrohung durch irakische Massenvernichtungswaffen sei sehr gering (»very low«), so *Tenet* weiter. Offenbar wurden die US-Geheimdienste unter Druck gesetzt, ihre Einschätzung noch einmal zu überdenken und die Einzelfakten neu zu werten. Darüber hinaus richtete Verteidigungsminister *Donald Rumsfeld* eine eigene Arbeitsgruppe ein, die Teile des Geheimdienstmaterials zu einem passenden Bild zusammenfügte.

Im Prinzip unterscheidet sich die Geheimdienst-Tätigkeit in Demokratien deutlich von primär herrschaftsstabilisierenden Aktivitäten der Geheimdienste in diktatorischen Regimen. In demokratischen Systemen wird ergebnisoffen aufgeklärt und ausgewertet, um dann die Fakten an die Politik zu liefern und Entscheidungen zu vereinfachen. Nur in Diktaturen steht das gewünschte Ergebnis von vornherein fest und den Geheimdiensten kommt die Aufgabe zu, bestimmte Fakten zu selektieren, politische Gegner einzuschüchtern. Offenbar gilt diese Unterscheidung aber nicht immer, und die Kontrolle geheimdienstlicher Aktivitäten wird auch weiterhin auf der politischen Tagesordnung stehen müssen.

Übersicht ausgewählter Geheimdienste

Deutschland

Amt für den militärischen Abschirmdienst (MAD): siehe Kap. 5.

Bundesamt für Sicherheit in der Informationstechnik (BSI): Das BSI existiert als eigenständige Behörde seit 1991. Es ist hervorgegangen aus einer geheimen Dienststelle des ➔*Bundesnachrichtendienstes (BND)*, der »Zentralstelle für das Chiffrierwesen«. Ziel des BSI ist die Förderung der Sicherheit in der Informationstechnik. Dazu gehören die Untersuchung von Sicherheitsrisiken im informationstechnischen Bereich von Bundesbehörden, die Entwicklung, Prüfung und Anwendung ➔kryptographischer Verfahren für den Informationsaustausch (z. B. ➔Chiffrierung geheimer Dokumente) beim Bund oder in verbundenen Wirtschaftsunternehmen, ferner die Prüfung und Zertifizierung von informationstechnischen Systemen, die Unterstützung und Beratung von Bundesbehörden, Strafverfolgungsbehörden, Verfassungsschutzbehörden (mit IT-Bezug) sowie Unternehmen und Organisationen (Wirtschaftsspionage).

Bundesamt für Verfassungsschutz (BfV): siehe Kap. 5.

Bundesnachrichtendienst (BND): siehe Kap. 5.

Landesämter für Verfassungsschutz (LfV): siehe Kap. 5.

Zentrum für Nachrichtenwesen der Bundeswehr (ZNBw): Das ZNBw ist eine Dienststelle des Bundesministeriums der Verteidigung (BMVg) und gehört zur Streitkräftebasis (SKB) der Bundeswehr. Hauptaufgabe des ZNBw ist die Zusammenfassung der Aufklärungskapazitäten aller Teilstreitkräfte der Bundeswehr. Die Informationen werden zur Aufklärung und Bewertung der (militärischen) Lage anderer Staaten und der militärischen Sicherheitslage der Bundeswehr benötigt.

Vereinigte Staaten von Amerika (USA)

In den USA gibt es Vielzahl von Stellen, die mit nachrichtendienstlichen Methoden arbeiten. Alle zusammen bilden die »United States Intelligence Community« und werden in ihrer Arbeit hauptsächlich durch die CIA koordiniert. Die grundlegenden Aufklärungsziele der Dienste werden vom »**National Security Council« (NSC)** vorgegeben, einem Gremium, dem neben dem Präsidenten auch andere Regierungsmitglieder, wie der Verteidigungsminister, angehören. Es sind ca. 200 000 Mitarbeiter bei allen amerikanischen Geheimdiensten tätig, das Gesamtbudget liegt bei ca. 30 Milliarden Dollar. Die Bundespolizei »**Federal Bureau of Investigation« (FBI)** ist kein Geheimdienst im klassischen Sinne, nimmt aber die Aufgaben eines Inlandsgeheimdienstes der USA wahr.

Central Intelligence Agency (CIA): Auslandsgeheimdienst der USA. Die CIA, 1947 gegründet, ist durch ihren Direktor direkt dem Präsidenten verantwortlich. Wichtige Direktorate: Das »Directorate of Intelligence« ist zuständig für Geheimdienst-Analysen aus allen Quellen zu Schlüsselfragen, das »Directorate of Science and Technology« ist zuständig für Schaffung und Anwendung von Technologie zur Unterstützung der CIA-Arbeit. Das »Directorate of Operations« sammelt internationales Geheimdienstmaterial.

Defense Intelligence Agency (DIA): Geheimdienst des Verteidigungsministeriums der USA, zuständig für Aufklärung auf militärischem Gebiet.

National Security Agency (NSA): sehr verdeckt arbeitender US-Geheimdienst mit der Aufgabe der technischen Beschaffung, zuständig vor allem für alle Arten der elektronischen Aufklärung, Datensicherheit und ➜Kryptographie. Die NSA gilt als größter Geheimdienst der USA und ist wegen der Federführung im ECHELON-Projekt häufig in den Schlagzeilen. Über ein hierarchisches, mit zahlreichen Sicherheitsbarrieren ausgestattetes Überwachungssystem wird seit rund 20 Jahren Kommunikation weltweit abgehört und ausgewertet.

Großbritannien

Defence Intelligence Staff (DIS): Der DIS ist die Zentralstelle des militärischen Nachrichtenwesens Großbritanniens. DIS unterstützt militärische Entscheidungen im Ministerium und in allen Truppenteilen des Militärs.

Government Communications Headquarters (GCHQ): Der GCHQ ist der technische Aufklärungsdienst Großbritanniens. Der GCHQ betreibt satellitengestützte Abhöreinrichtungen in Großbritannien und weltweit, er arbeitet mit Diensten anderer Nationen zusammen, so auch mit der amerikanischen ➜NSA.

Secret Intelligence Service (SIS, auch MI6): Der britische Auslandsgeheimdienst SIS wird auch als MI6 bezeichnet. Den aktuellen Bedarf bestimmt das *Joint Intelligence Committee (JIC)*, das für die Koordination der britischen Geheimdienste sowie die langfristige Planung und Bedarfsanalyse zuständig ist.

Security Service (auch MI5): Inlandsnachrichtendienst Großbritanniens, auch als MI5 bezeichnet. Aufgabe ist der Schutz des Landes vor Angriffen aus verdeckten Bereichen wie Terrorismus, Spionage und Waffenhandel, erweitert um die Bekämpfung von Schwerkriminalität.

Frankreich

Direction de la Surveillance du Territoire (DST): französischer Inlandsgeheimdienst. Neben der Terror- und Spionageabwehr ist der DST auch zuständig für Schwerkriminalität im Bereich Waffenhandel und organisierter Kriminalität sowie für den ➜Geheimschutz französischer Behörden und betroffener Wirtschaftsunternehmen. Seine Mitarbeiter sind vornehmlich Polizisten in allen Dienströngen (kein ➜Trennungsgebot).

Direction Générale de la Sécurité Exterieure (DGSE): Der französische Auslandsnachrichtendienst entstand 1946 als Zusammenschluss mehrerer Geheimdienste aus dem Zweiten Weltkrieg.

Israel

Aman: militärischer Nachrichtendienst mit der Aufgabe, Israel über den Stand der militärischen Aktivitäten seiner Gegner zu informieren.

Mossad (ha-Mossad le-Modiin ule-Tafkidim Meyuhadim; Institut für Nachrichtenwesen und besondere Aufgaben): im April 1951 wieder gegründeter Auslandsgeheimdienst Israels. Menschliche Quellen sind ein wesentlicher Bestandteil seiner Beschaffungsarbeit. Anders als die deutschen Geheimdienste, denen solche Vorgehensweisen untersagt sind, arbeitet der *Mossad* auch mit Mitteln der Sabotage, verdeckter und psychologischer Kriegsführung und unter Umständen mit Tötungskommandos. Die für solche Spezialoperationen zuständige Abteilung ist die *Metsada*.

Shabak (Sherut ha-Bitachon ha-Klali); auch ➔*Shin Beth:* israelischer Inlandsgeheimdienst, zuständig für die innere Sicherheit Israels und die Spionageabwehr. Zum Schutz des Territoriums vor Terroranschlägen verfügt der *Shabak* über ein weit verzweigtes Netz von Agenten im Land, um feindliche Organisationen zu unterwandern, sowie über Anti-Terror-Einheiten und Kommandos, die die Aufgabe haben, gesuchte Terroristen ausfindig zu machen.

Shin Beth (*Sherut Bitachon*; Sicherheitsdienst): alternative Bezeichnung für den israelischen Inlandsgeheimdienst Shabak.

Russische Föderation

FAPSI (Federalnoje Agentstvo Pravitelstvennoj Svjazi Informacii): Die »Föderale Agentur für Regierungsfernmeldewesen und Information« ist zuständig für Aufklärung und Abwehr im fernmeldetechnischen und elektronischen Bereich.

FSB (Federalnaja Slushba Bezopasnosti): Der Inlandsabwehr- und Sicherheitsdienst FSB ist zuständig für Verfassungsschutzaufgaben. Dazu gehören die Spionageabwehr im militärischen und zivilen Bereich, die Bekämpfung von Terrorismus und die Aufklärung von organisierter Kriminalität.

FSO (Federalnaja Slushba Ochrani): Der FSO ist zuständig für die Sicherheit von Regierung und Präsident. Dazu gehören Personen- und Objektschutz, nach Weisung des Präsidenten sind auch nachrichtendienstliche Aktivitäten möglich.

GRU (Glavnoje Rasvedyvatelnoje Upravlenje): Der militärische Auslandsnachrichtendienst GRU ist zuständig für die militärische Aufklärung im Ausland und untersteht dem russischen Verteidigungsministerium.

SVR (Slushba Vnezhnej Razvedki): Der SVR ist zuständig für die zivile Auslandsaufklärung. In den Bereichen Wirtschaft, Wissenschaft, Technologie und Politik werden geheimdienstlich bedeutende Informationen gesammelt und ausgewertet.

Das Geheimdienst-ABC

abdecken (abtarnen): Maßnahmen, die dazu dienen, das Erkennen einer nachrichtendienstlich tätigen Person, eines Objektes (z.B. Kraftfahrzeug, Arbeitsplatz) oder einer nachrichtendienstlichen Handlung auszuschließen. Dazu gehört z.B. die Anwendung von Tarnmitteln oder Legenden.

Abhörmaßnahme: verdecktes Mithören und ggf. Aufzeichnen des nicht öffentlich gesprochenen Wortes durch den Einsatz technischer Mittel.

abschalten: Am Ende der Zusammenarbeit von ➔Agenten und ➔V-Leuten mit Geheimdiensten steht das »Abschalten«. Meist ist damit eine finanzielle Abfindung verbunden.

abschöpfen: Erschließen des nachrichtendienstlich interessanten Wissens einer ➔Zielperson durch methodische Gesprächsführung oder durch Aufnahme des gesprochenen Wortes, ohne dass dem/der Betroffenen der Zweck erkennbar wird (Gesprächsaufklärung).

Agent: für einen Geheimdienst im In- oder Ausland mit nachrichtendienstlichen Tätigkeiten betraute Person.

Aktive Maßnahme: verdeckte Aktion, um Politik, Öffentlichkeit, Medien und Wirtschaft zu beeinflussen.

Anbahnung: aufgenommene persönliche, fernmündliche oder schriftliche Verbindung zu einer ➔Zielperson, mit der Absicht, sie für eine nachrichtendienstliche Mitarbeit zu gewinnen. Zuvor wird in der Regel abgeklärt, ob eine Zusammenarbeit möglich ist (Forschen).

Anlaufstelle: ➔Deckadresse oder konspirative Wohnung als Treffpunkt für Agenten und Kuriere.

Anwerbung: Verpflichtung, für einen Geheimdienst tätig zu werden.

Aufklärung: zielgerichtetes Beschaffen von Informationen durch einen Nachrichtendienst; geheimdienstliche Ermittlung und Analyse im In- und Ausland (➔Spionage).

Auskunftsperson: Bürger, der über eine ➔Zielperson befragt wird.

Auswertung: Erkenntnisse aus unterschiedlichen Quellen werden auf Glaubwürdigkeit geprüft und zusammengefasst. Danach wird ein Lagebild erstellt, das dem Auftraggeber (z.B. einer Regierung) über Personen und Ereignisse Auskunft erteilt, Prognosen und Analysen über Entwicklungen im eigenen Land oder anderen Ländern inbegriffen.

Basis: Bezeichnung für eine Geheimdienstniederlassung – z.B. eine Botschaft im Ausland.

Chiffrieren: Umwandlung von Klartext mit einem Codeschlüssel. Der Empfänger kann die Mitteilung durch Anwenden desselben Codes in Klartext zurückwandeln.

Container: Bezeichnung für ein Versteck, um Nachrichten aufzubewahren oder zu transportieren.

Deckname (Tarnname, Codename): falscher Name für Agenten, Zielpersonen und operative Vorgänge.

Desinformation: methodische Verbreitung falscher, einseitiger oder entstellter Informationen durch einen fremden Nachrichtendienst, mit dem Ziel, Entscheidungen bzw. Entwicklungen im Operationsgebiet zu beeinflussen.

Doppelagent: enttarnter ➔Agent, der nunmehr mit der Gegenseite zusammenarbeitet. Er bleibt mit dem eigenen Geheimdienst in Kontakt, liefert aber nur noch vom Auftraggeber ausgewähltes Material ab.

Dual-Use-Güter: Produkte, welche sowohl im militärischen als auch im zivilen Bereich Verwendung finden können.

ECHELON: globales elektronisches Abhörsystem. ECHELON dient den USA (➔*National Security Agency*) und ihren Vertragspartnern weltweit zur Überwachung von Kommunikation.

Einflussagent: Mitarbeiter eines Nachrichtendienstes, der meinungsbildend tätig wird und so Entscheidungen beeinflussen kann. Er nutzt dabei auch Kontakte zu maßgeblichen Personen aus Politik und Wirtschaft.

Einschleusen: ein von einem Geheimdienst veranlasster, illegaler Übertritt eines ➔Agenten in das Zielland oder Infiltrieren einer Organisation, Behörde oder Firma unter Nutzung einer ➔Legende.

Falsche Flagge: Anwerbung einer Person zur nachrichtendienstlichen Mitarbeit unter Täuschung über den wahren Auftraggeber und/oder die eigentlichen Absichten.

Führungsoffizier: Mitarbeiter, der Agenten ausbildet, deren Einsatzort festlegt, Aufträge erteilt und Berichte weiterleitet.

G10-Gesetz: Das Gesetz zur Beschränkung des Brief-, Post- und Fernmeldegeheimnisses (Gesetz zu Artikel 10 GG) vom 13. August 1968 regelt die Voraussetzungen, unter denen die Verfassungsschutzbehörden, der MAD und der BND Telefone, Briefe und Faxe überwachen können.

Gegenspionage: Eindringen in fremde Geheimdienste, um die von der Gegenseite geführten Agenten aufzuspüren (Gegenstück: Spionageabwehr).

Geheimhaltungsstufen, militärische: Insgesamt gibt es vier, von denen die ersten drei den zivilen ➔Geheimhaltungsstufen (zivile) entsprechen. Für den Bereich der NATO gibt es eine vierte, die mit *cosmic atomal* bezeichnet wird. Diese oberste Geheimhaltungsstufe (z.B. die Einsatzpläne im Kosovo-Krieg) gestattet naturgemäß nur einer sehr begrenzten Zahl von Berechtigten aus Militär und Politik Zugang.

Geheimhaltungsstufen, zivile: In Deutschland gibt es drei Kategorien: *vertraulich, amtlich geheim gehalten* und *streng geheim*.

Geheimschutz: Schutz von Informationen, die dem staatlichen Interesse der Geheimhaltung unterliegen.

Human Intelligence (HUMINT): ➔operative Aufklärung; menschliche Beschaffung und Quellen.

Illegaler: ein ➔Agent, der im Einsatzland unter einer ➔Legende tätig ist und sich mit Daten einer erfundenen oder tatsächlich existierenden Person tarnt.

Illegaler Resident: Mitarbeiter eines Geheimdienstes, der in einem fremden Land eigene Vertrauensleute / Spione betreut. In der Regel sind die illegalen Residenten an Botschaften angesiedelt.

Imagery Intelligence (IMINT): Erfassung und Auswertung von Satellitenbilddaten.

Industriespionage (auch Konkurrenzspionage): Im Unterschied zur ➔Wirtschaftsspionage findet hierbei die Ausforschung zwischen einzelnen (in der Regel konkurrierenden) Firmen statt.

Informant: Personen, die entweder selbst oder über Dritte Zugang zu einer Organisation, Gruppierung oder Einrichtung besitzen, die zum Beobachtungsspektrum eines Geheimdienstes gehören. Auch gelegentliche Hinweise sind möglich.

Innenquelle: ein ➔V-Mann oder ➔Informant innerhalb der Organisation, die beobachtet wird.

Klarname: der tatsächliche Name eines Geheimdienst-Mitarbeiters.

Kompromate: nachrichtendienstliche Kenntnisse über »Schwachstellen« einer Person, mit der ihr Verhalten beeinflusst werden kann. Dazu gehören bloßstellendes Bildmaterial, Gesetzesverstöße im Land des anwerbenden Nachrichtendienstes, Schulden, Drogengebrauch, ungeordnete familiäre Verhältnisse.

Konspiration: heimliches Vorgehen (z.B. Benutzung von ➔Legenden) mit dem Ziel, den geheimdienstlichen Hintergrund von Personen oder Sachverhalten gegenüber der Umwelt zu verdecken.

Kontaktperson: jemand, der unwissentlich in Verbindung zu einem Agenten steht und dessen Kenntnisse von dem ➔Agenten abgeschöpft werden.

Kryptologie: Oberbegriff für Kryptographie und Kryptoanalyse. Die Kryptographie ist die Wissenschaft, Nachrichten durch Verschlüsselung geheim zu halten. Die Kryptoanalyse beschäftigt sich mit dem Entziffern von kryptierten Nachrichten.

Kurier: Geheimdienst-Mitarbeiter, der als Mittelsmann zwischen ➔Agent und Auftraggeber fungiert.

Landesverrat: das Preisgeben von Vorgängen, die die öffentliche Sicherheit des Staates gefährden.

Legalresidentur: siehe ➔Residentur.

Legende: Identität eines ➔Agenten, die er zur Tarnung seiner Person von seinem Auftraggeber erhält. Die Legende umfasst unter anderem eine detailgenaue Vita und gefälschte Ausweispapiere.

Maulwurf: Jargon-Bezeichnung für einen Agenten, der in einen gegnerischen Geheimdienst eingeschleust wird.

Mikrat: Foto-Negativ, das auf Punktgröße verkleinert den Text einer Seite enthält.

Nachrichtendienst: Nachrichtendienste im weiteren Sinn sind staatliche Organisationen, die politisch bedeutsame Nachrichten beschaffen, auswerten und weitergeben sowie zur Störung oder Beeinflussung politischer Gegner im In- und Ausland Handlungen vornehmen (z.B. Desinformation, Sabotage), wobei sie grundsätzlich ein Höchstmaß der Geheimhaltung ihrer Aktivitäten beachten. Umgangssprachlich wird hier auch von Geheimdiensten gesprochen.

Observation: Beobachten von Objekten oder Personen in unauffälliger Weise.

Offene Quellen: Informationen aus Presse, Fernsehen, Internet und Fachpublikationen, zu deren Gewinnung keine nachrichtendienstlichen Mittel eingesetzt werden müssen.

Open Source Intelligence (OSINT): Die offene Informationsgewinnung (→Offene Quellen) umfasst die Beschaffung von allgemein zugänglichen Informationen (Zeitungen, Rundfunk, Fernsehen, Internet etc.) und deren Aufbereitung zu einem Produkt mit nachrichtendienstlichem Mehrwert.

Operative Aufklärung (Beschaffung): das Sammeln von Informationen, Dokumenten und Gegenständen mit »menschlichen Quellen«, z.B. durch Anwerbung und Führung von →Agenten (im Ausland). Häufig wird diese Arbeitsmethode auch als HUMINT (→Human Intelligence) bezeichnet.

Penetrieren: Eindringen von →V-Leuten z.B. in extremistische und/oder terroristische Organisationen und Parteien.

Perspektivagent: langfristig tätiger →Agent, der eingesetzt wird, sobald er über die erforderlichen Kontakte zu Vertrauenspersonen verfügt oder durch berufliche Karriere eine Position erhält, die es ermöglicht, an interessante Informationen zu gelangen. Beispiel: Person, die sich verpflichtet hat, u.U. gegen Zahlung einer Ausbildungsunterstützung nach Abschluss des Studiums eine verantwortliche Position in einem geheimdienstlich interessanten Bereich (z.B. Forschung, Industrie) anzustreben und darüber nach Einstellung vertrauliche Informationen zu liefern.

Proliferation: Weitergabe von ABC-Waffentechnik, Mittel zu deren Herstellung, Trägertechnologien, sonstigen Kriegswaffen sowie deren Vor- und Nebenprodukten an Krisenländer.

Quelle: Person, deren Auskünfte geheimdienstlich ausgewertet und verarbeitet werden.

Quellenschutz: alle Maßnahmen, die erforderlich und geeignet sind, eine nachrichtendienstliche Quelle vor einer Enttarnung und deren Folgen zu schützen.

Raster: Ermittlungsmethode, die ermöglicht, konspirative Vorgänge auf

Grund charakteristischer Merkmale zu erkennen und den Kreis der verdächtigen Personen einzuschränken.

Resident: Bezeichnung für einen legalen Agentenführer im Ausland.

Residentur: nachrichtendienstliche Führungsstelle im Operationsgebiet. Eine Residentur kann als Legalresidentur (z. B. in Handelsmissionen oder Botschaften) oder als Illegale Residentur eingerichtet sein.

Sabotage: unter konspirativen Regeln gewalttätiges Handeln von Personen oder Organisationen, welches Einrichtungen des Staates und/oder der Wirtschaft in ihrer Funktion so beeinträchtigt oder stört, dass wichtige Interessen der Allgemeinheit gefährdet sind (z. B. Zerstörung von Energie- oder Wasserversorgungsanlagen, Telekommunikation, Bahn, Post).

Schläfer: ein →Agent, der in seinem Einsatzgebiet angesiedelt ist und zur Tarnung oft jahrelang einen offiziellen Beruf ausübt. Er wird erst aktiviert, wenn ein Ereignis eintritt, für welches er ausgebildet wurde.

Schleusung: nachrichtendienstliche Operation mit dem Ziel, Mitarbeiter ungesehen und unter Umgehung der Grenzkontrollen vom Auftragsland in das Operationsgebiet zu bringen (Personenschleuse) oder Material vom Operationsland in das Auftragsland zu befördern (Materialschleuse).

Selbstanbieter: Leute, die sich (fremden) Geheimdiensten freiwillig zur Verfügung stellen. Zu den Motiven zählen finanzielle, individuell-psychologische, aber auch ideologisch motivierte.

Signal Intelligence (SIGINT): Erfassung von Teilen des Fernmeldeverkehrs im Ausland zu geheimdienstlichen Zwecken mit modernen elektronischen Anlagen.

Spielmaterial: gefälschte, aber glaubhaft wirkende Informationen. Es dient zur Stärkung der Position von umgedrehten →Agenten.

Spionage: Erkundung der politischen Faktoren sowie der wirtschaftlichen, wissenschaftlichen und militärischen Potenziale eines Staates mit verdeckten Mitteln und Methoden.

Spionageabwehr: Sammlung und Auswertung von Tatsachen und Informationen über die Bedrohung der Sicherheit durch Nachrichtendienste fremder Staaten.

Steganographie: Programme, die Daten sowohl verschlüsseln als auch unverdächtig wirkende Dateien – z. B. Bild-, Text- oder Tondateien – mit einer zusätzlichen Information »unterlegen«, die dann mit einem Spezialprogramm vom Empfänger eingelesen werden kann.

Strategische Aufklärung: langfristig angelegte Tätigkeit eines Geheimdienstes, um hochrangige Politikziele eines Staates gegenüber dem Ausland zu unterstützen.

Subversion: Aktivitäten mit dem Ziel, die politische, wirtschaftliche, militärische und psychologische Stärke eines Staates, einer Regierung oder Organisation zu schwächen.

Tarnmittel: Tarnmittel sind Gegenstände und Vorkehrungen, mit denen verhindert werden soll, dass ein nachrichtendienstliches Tätigwerden oder Mitarbeiter von Verfassungsschutzbehörden erkannt werden. Tarnmittel sind z. B. Arbeitsnamen, Tarnausweise oder Tarnkennzeichen.

Technische Beschaffung: das Sammeln von Informationen, Dokumenten und Gegenständen durch funkelektronische Aufklärung. Dazu gehören z. B. die Telefonüberwachung, geheime Bild- und Tonaufzeichnungen oder die Internetüberwachung.

Tipper: Person, die einem Nachrichtendienst Hinweise auf nachrichtendienstlich interessante Personen, Sachen oder Gegebenheiten übermittelt.

Toter Briefkasten: Versteck zur Aufbewahrung und Weitergabe von geheimen Nachrichten. Der TBK sollte leicht zugänglich und unauffällig sein.

Trennungsgebot: Das Trennungsgebot fordert eine organisatorische/personelle Trennung zwischen Verfassungsschutz und Polizei und schließt polizeiliche Befugnisse (z. B. Festnahmen, Durchsuchungen, Beschlagnahmungen etc.) für Geheimdienste aus.

Überwerben: Anwerben eines bereits für einen anderen Dienst tätigen →Agenten.

Umdrehen: Versuch, einen →Agenten des gegnerischen Geheimdienstes zur Zusammenarbeit zu bewegen, unter Umständen mit den Mitteln der Erpressung.

Verbindungsführer: Kontaktperson von →V-Leuten im Geheimdienst.

verbrannt: →Agent, der entweder von der Spionageabwehr enttarnt wird oder vom eigenen Dienst geopfert wurde, um einen wichtigeren Agenten zu schützen.

V-Mann/V-Frau (Vertrauens-Mann/-Frau): Bezeichnet eine Person, die nebenberuflich und geheim für einen Dienst oder die Polizei tätig ist.

Werben: Gewinnen einer Person zur nachrichtendienstlichen Mitarbeit. Der Werbung gehen im Regelfall das →Tippen (Hinweiserkundung auf nachrichtendienstlich interessante Personen) und das Forschen voraus. Sofern keine freiwillige Einwilligung des/der Betroffenen erfolgt, wird ggf. auch zu erpresserischen Methoden gegriffen. Dies können →Kompromate sein.

Wirtschaftsspionage: staatlich gelenkte oder gestützte geheimdienstliche Ausforschung von Wirtschaftsunternehmen und Betrieben eines fremden Staates. Im Gegensatz zur →Industriespionage ist die Wirtschaftsspionage zumeist langfristig angelegt und durch einen erhöhten Einsatz konspirativer (geheimdienstlicher) Hilfsmittel gekennzeichnet.

Zielperson: eine Person, die entweder als →Agent oder →Quelle angeworben werden soll oder im Verdacht steht, Spionage zu betreiben.

Zielobjekt: Objekt, für das ein Nachrichtendienst ein besonderes, konkretes nachrichtendienstliches Interesse bekundet.

Quellen: Bundesnachrichtendienst (BND); Landesämter für Verfassungsschutz (LfV); Michael Lutz (www.gromek.de); Homepage www.geheimdienste.org.

Literatur

Agee, Philip (1993): *CIA intern. Tagebuch 1956–1974*, Hamburg.

Agee, Philip (1994): *On the Run.* Eine politische Autobiographie, Hamburg.

Baer, R. (2002): *Der Niedergang der CIA.* Der Enthüllungsbericht eines CIA-Agenten, München.

Bamford, J. (2001): *NSA.* Die Anatomie des mächtigsten Geheimdienstes der Welt, München.

Becker, K. u. a. (2003): *Die Politik der Info-Sphäre*, Schriftenreihe Bd. 386, Bundeszentrale für Politische Bildung, Bonn.

Beste, St. (2003): Die total verwanzte Republik; in: *EURO am Sonntag*, 05.01.2003, S. 58–59.

Bundesamt für Verfassungsschutz (2003): *Verfassungsschutzbericht 2003,* Köln.

Central Intelligence Agency (2001): *Factbook on Intelligence,* Washington D. C.

Central Intelligence Agency (2003): *The World Factbook 2002,* Washington D. C.

Deutscher Bundestag (2003a): *Unterrichtung durch das Parlamentarische Kontrollgremium (PKGr)*, Drucksache 15/981, Berlin.

Deutscher Bundestag (2003b): *Unterrichtung durch das Parlamentarische Kontrollgremium (PKGr)*, Drucksache 15/718, Berlin.

Deutscher Bundestag (2003c): *Tätigkeitsbericht 2001 und 2002 des Bundesbeauftragten für den Datenschutz*, Drucksache 15/888, Berlin.

Deutschlandfunk (1999): *Vorsicht! Freund hört mit: Wirtschaftsspionage in Deutschland, Deutschlandfunk: Hintergrund Politik*, Manuskript vom 22.11.1999.

Dietl, W. (2000): *Die BKA-Story,* München.

Eichner, K./A. Dobbert (2001): *Headquarters Germany.* Die USA-Geheimdienste in Deutschland, Berlin.

Europäisches Parlament (2001): *Bericht über die Existenz eines globalen Abhörsystems für private und wirtschaftliche Kommunikation (Abhörsystem ECHELON)*, 1/119 PE 305.391, Straßburg.

Fink, M. (1996): *Lauschziel Wirtschaft – Abhörgefahren und -techniken, Vorbeugung und Abwehr*, Stuttgart u. a.

Frank, H./K. Hirschmann, Hrsg. (2002): *Die weltweite Gefahr – Terrorismus als internationale Herausforderung*, Berlin.

Heinen, G. (2002): Problematische Quellenlage im V-Mann-Bereich; in: *Die Welt*, 29.01.2002.

Hirschmann, K. (2003a): *Terrorismus,* Reihe Wissen 3000, Hamburg.

Hirschmann, K./Chr. Leggemann, Hrsg. (2003): *Der Kampf gegen den Terrorismus – Strategien und Handlungserfordernisse in Deutschland*, Berlin.

Johnson, L.K. (2002)*: Bomben, Wanzen und Intrigen.* Amerikas Geheimdienste, Düsseldorf.

Kessler, R. (2002): *The Bureau: Secret History of the FBI,* New York.

Knightley, Ph. (1992): *Die Spionage im 20. Jahrhundert*, München.

Krieger, W. (2003): *Geheimdienste in der Weltgeschichte*, München.

Kulke, U. (2003): Das wachsame Auge des großen Bruders; in: *Die Welt*, 24.10.2003.

Langenau, L. (2003): Der große Bluff; in: *Spiegel Online*, 18.09.2003.

Lloyd, M. (1994): *The Guinness Book of Espionage,* London.

Ostrovsky, V. (1992): *Der Mossad,* München.

Petersen, J.K. (2001): *Understanding Surveillance Technologies. Spy Devices, their Origins and Applications*, Boca Raton.

Polmar, N./Th.B. Allen (1997): *Spy Book: The Encyclopedia of Espionage*, New York.

Roewer, H./S. Schäfer/M. Uhl (2003): *Lexikon der Geheimdienste im 20. Jahrhundert,* München.

Rötzer, F. (2002): Weltweites Schnüffelsystem, in: *telepolis* 21.11.2002.

Rötzer, F. (2003): Kongress streicht Gelder für Pentagon-Überwachungsprojekt; in: *telepolis*, 25.09.2003.

Ruhmann, I./Chr. Schulzki-Haddouti (1998): Abhör-Dschungel. Geheimdienste lesen ungeniert mit – Grundrechte werden abgebaut; in: *c't,* 05/1998, S. 82.

Schmidt, D. (2000): *Echelon & EU*, im Internet: flo.bundesspionageministerium.de/echelon.pdf.

Schmidt-Eenboom, E./J. Angerer (1994): *Die schmutzigen Geschäfte der Wirtschaftsspione,* Düsseldorf, et al.

Schröm, O. (1999): Verrat unter Freunden; in: *Die Zeit*, Nr. 40/1999.

Schröm, O./G. Laabs (2003): *Tödliche Fehler – Das Versagen von Politik und Geheimdiensten im Umfeld des 11. September*, Berlin.

Stafford, David (2003): *Berlin Underground*. Wie der KGB und die westlichen Geheimdienste Weltpolitik machten, Hamburg.

Ulfkotte, U. (1999): *Marktplatz der Diebe – Wie Wirtschaftsspionage deutsche Unternehmen ausplündert und ruiniert*, München.

Bedanken möchte ich mich bei meinen Freunden und Partnern Wilhelm Dietl und Rolf Tophoven im »Institut für Terrorismusforschung und Sicherheitspolitik«, bei Dr. Udo Ulfkotte und Heiko Kamann (BAKS), bei den Bundesministerien der Verteidigung und des Innern, bei meinen Studenten an der Universität Bonn, meinen Quellen in Köln, Düsseldorf, Berlin, Pullach und Washington, deren Namen ungenannt bleiben müssen.

Wissen 3000

Renner: **1968**
Kopp: **Asyl**
Prüfer/Stollorz: **Bioethik**
Redak/Weber: **Börse**
Roloff: **Demographischer Faktor**
Rudhof: **Design**
Nemeczek: **documenta**
Krauß: **Doping**
Schmidt-Semisch/Nolte: **Drogen**
Seibert: **Existenzialismus**
Wagner: **Familienkultur**
Blecher: **Fotojournalismus**
Hirschmann: **Geheimdienste**
Riewenherm: **Gentechnologie**
Schroedter: **Globalisierung**
Gröndahl: **Hacker**
Dillmann: **Jüdisches Leben nach 1945**
Behrens: **Kritische Theorie**

Meschnig: **Markenmacht**
Lanz/Becker: **Metropolen**
Terkessidis: **Migranten**
Luks: **Nachhaltigkeit**
Arns: **Netzkulturen**
Heitmann: **Neue Weltordnung**
Koch: **New Economy**
Diederichs: **Polizei**
Büsser: **Pop-Art**
Ernst: **Popliteratur**
Büsser: **Popmusik**
Feige: **Science Fiction**
Leyrer: **Sexualität**
Müller: **Sozialismus**
Schuldt: **Systemtheorie**
Hirschmann: **Terrorismus**
Sager: **Wasser**

Bibliografische Information Der Deutschen Bibliothek

Die Deutsche Bibliothek verzeichnet diese Publikation in der Deutschen Nationalbibliografie; detaillierte bibliografische Daten sind im Internet über http://dnb.ddb.de abrufbar

© Europäische Verlagsanstalt | Sabine Groenewold Verlage, Hamburg 2004
Umschlag: projekt® | Barbara Hanke, Hamburg
unter Verwendung einer Fotografie von Getty Images/Brian Hagiwara
Herstellung: Das Herstellungsbüro, Hamburg
Druck und Bindung: Fuldaer Verlagsagentur
Alle Rechte vorbehalten
Printed in Germany
ISBN 3-434-46235-X

Informationen zu unseren Verlagsprogrammen finden Sie im Internet unter www.sabine-groenewold-verlage.de